赢在中国 Ⅲ

中国优秀企业家奋斗史

中国文化信息协会 编

中国商务出版社

图书在版编目（CIP）数据

赢在中国.Ⅲ，中国优秀企业家奋斗史 / 中国文化
信息协会编 .-- 北京：中国商务出版社，2018.2
　ISBN 978-7-5103-2297-6

Ⅰ .①赢… Ⅱ .①中… Ⅲ .①企业家 – 生平事迹 – 中
国 – 现代Ⅳ .① K825.38

中国版本图书馆 CIP 数据核字（2018）第 027880 号

赢在中国 . Ⅲ，中国优秀企业家奋斗史
YINGZAI ZHONGGUO. Ⅲ，ZHONGGUO YOUXIU QIYEJIA FENDOUSHI

中国文化信息协会 编

出　　　版：中国商务出版社
地　　　址：北京市东城区安定门外大街东后巷 28 号　邮编：100710
责任部门：职业教育事业部（010-64218072　295402859@qq.com）
责任编辑：周青

总 发 行：中国商务出版社发行部（010-64208388　64515150）
网　　　址：http://www.cctpress.com
邮　　　箱：cctp@cctpress.com

排　　　版：皓月
印　　　刷：北京虎彩文化传播有限公司
开　　　本：710毫米×1000毫米 1/16
印　　　张：11　　　　　　　　　　字　　　数：220 千字
版　　　次：2018 年 8 月第 1 版　　印　　次：2022 年 8 月第 2 次印刷
书　　　号：ISBN 978-7-5103-2297-6
定　　　价：45.00元

目录
C ontents

赢在中国
——中国优秀企业家奋斗史

巾帼创业　不让须眉

——访江苏天禹农业机械有限公司总经理刘素芹

> 刘素芹,女,1975年生,江苏天禹农业机械有限公司总经理。她自小便随母亲下地干活,18岁高中毕业后,学得一门油漆手艺,一直干到2003年,2004年独自经营一家蛋糕店,2006年开始做车床配件加工生意。2008年金融危机,生意惨淡、损失惨重。2010年,她重整旗鼓,成立江苏天禹农业机械有限公司,依靠坚坚韧不拔不拔的意志和承担社会责任的义举成为该行业的翘楚。

近几年,随着资本膨胀所导致的金融泡沫、地产泡沫迅速兴起,资本的负面效益也日趋明显,虚拟经济发展迅速,实体经济创造的蛋糕越来越多地分配给了虚拟经济,挤占了实体经济的生存空间,中国经济的"虚化"倾向也越来越明显。目前,中国特色社会主义已经进入了新时代,新时代、新征程,中国正在努力朝着制造强国迈进。党的十九大报告提出,建设现代化经济体系,必须把发展经济的着力点放在实体经济上,把提高供给体系质量作为主攻方向,显著增强我国经济质量优势。

改革开放30年多年来,中国经济越发繁荣昌盛,这期间也是诸多企业起起伏伏、跌跌撞撞的奋斗史。在经济高速发展的当今社会,人们似乎越来越享受生活的快节奏、沉迷于产品的更新换代,致使很多人为了适应时代而急功近利,静不下心去认真思考、认真生活、认真工作,甚至是认真创业,所以很多企业经受不住时间的检验也是常有之事。尽管如此,刘素芹苦心经营的民营企业却在诸多企业纷纷倒下之际存活了下来,并焕发着勃勃生机,这得益于她的坚守和出众的人品。

漫漫创业路　拳拳拼搏心

　　刘素芹出生于 1975 年,是一个地地道道的农村人。自懂事起,她便随父母下地干活,过着面朝黄土背朝天的苦日子,她深知农民的疾苦,希望长大以后能够改变他们的生活状态,为他们谋福利。18 岁高中毕业之后,迫于生计,她学了一门油漆手艺,由于勤奋好学、吃苦耐劳,生活尚且过得去。但是她并不甘心于日复一日的漆匠生活,想要趁着年轻出去闯荡一番,

　　创业之初,只能摸着石头过河。2004 年,她靠着干漆匠活攒下的钱开了一家蛋糕店,生意还算红火,但是对于年轻气盛的刘素芹来说,经营蛋糕店的日子太过于安逸。2006 年,她开始和一家日本企业合作做车床配件加工生意,原本企业已经慢慢步入正轨,可是 2008 年金融危机的爆发使她遭遇了一次重创,无奈之下,只能把 40 万元的货物当作 9000 元的废铁卖了。此后,她把自己关在家中,闭门思考失败的原因和以后的发展道路。

　　态度决定一切。在刘素芹身上体现出来的坚韧和担当使人眼前一亮。企业衰弱了,员工还在、企业精神还在,为了给经销商、员工一个交代,也为了心中的那份责任和执着,刘素芹打起精神、重新出发,花了三年时间思考出路、观察行情,2010 年她创立了江苏天禹农业机械有限公司。

　　人的成长需要时间的沉淀,企业的发展也是如此。阅历是人生中最宝贵的财富,出身农民,所以刘素芹能够设身处地地为农民着想,悉心为她们服务。自己的打工经历,使她能换位思考,善待员工;数次创业,皆不顺利,她心志强大,能重振旗鼓,勇敢面对面挑战。她靠智慧经营企业,真心待人,勇于担当。企业也正是在她的人格魅力影响之下发展壮大起来的。

道路长且阻　坚持亦将至

　　万事开头难。2010 年下半年,刘素芹开始接触农业机械这个陌生的行业。公司成

立之初,年产值只有 100 万元。由于不懂销售,她不得不用土办法吸引用户,那就是挨家挨户跑业务。她为人诚恳,用户在她的介绍之下也愿意买天禹的产品。虽然天禹公司成立前两年基本无收益,但是她眼光长远,并不在乎一时的得失。

2013 年,刘素芹的事业刚刚起步,聘用了一个专业的团队对销售环节进行把关,依靠前两年树立起来的信誉,企业发展得越来越好,产值翻了好几番。但是天灾难测,同年,台风肆虐导致很多用户购买的机器受损,但是刘素芹设身处地的为用户着想,免费修理本来不在保修范围内的机器,企业为此损失了 300 多万元。祸兮福所倚,福兮祸所伏。正是刘素芹服务至上、不拘小利的态度使她在该行业站稳了脚跟。

屋漏偏逢连阴雨。正逐渐走出天灾影响的刘素芹怎么也没想到,人祸来了。当是国家对于购买农业机械是有补贴的,但她并不了解当时的政策对于补贴条件的规定,把大机器当作小机器卖了,导致企业遭人举报,并被取消了补贴资格。这一年也是刘素芹事业的低谷期,但是尽管企业被停止运营三个月,经销商和员工依然不离不弃,和她一起携手共渡难关。

"遇到困难时,不管多难,都不要放弃"。面对困难,刘素芹总是能够端正心态,迎难而上。苦心人,天不负。2014 年,全国共计农业机械销售企业 50 多家,天禹排名第八,这是风风雨雨的一年,在刘素芹的带领下,企业产值达到了 3000 万元;2015 年,全国共有 70 多家同行企业,天禹再接再厉,排名第五;2016 年,同行企业增加到了110 多家,天禹排名第四。刘素芹一步一个脚印、踏踏实实地将企业带上了正规。

经营尚有道　安心定志远

天禹发展势头正猛,得益于它的研发优势和战略定位。刘素芹与高校合作、向国外学习经验,自主研发了一套控制系统。每年,她都会拿出 15% 的纯利润用于产品的研发,真正从质量上取胜。除此之外,她还会定时派遣员工去国外学习先进技术和经营理念,希望中国制造早日能和德国造、日本造齐头并进。天禹的战略眼光也使得其在同行企业中占绝对优势,刘素芹以社会责任而非经济效益为发展目的,不被眼前利益所囿,放眼长远谋发展。

潜心学习,打造工匠精神。2015 年,刘素芹第一次出国,那时她已经小有成就,她出国从不以消费为目的,而是深入企业,虚心学习。在德国,她学习德国企业认真的态度;在日本,她学习日本人做事一丝不苟和死磕到底的精神。她还支持员工去国外学习,以促进企业的全面发展。

目前,全国共计同行企业 200 多家,刘素芹认为,企业数目的盲目扩张必然会使他们面临一次重新洗牌,在未来,存活下来的企业可能不会超过 10 家。一些企业盲目跟风,没有进行市场调查和准确定位,根本承受不住时间的检验,必然会在三五年内接受洗牌。而随着互联网 + 时代的到来,企业的发展也必然是和互联网息息相关的。未来,刘素芹计划成立一个互联网团队,借助互联网的力量将产品推销出去。

客观来看,我国实体经济近年来取得了长足的发展,但实体经济总体的发展质量和效益还不高。高品质、个性化、高复杂性、高附加值产品的供给能力不足。党的十九大报告针对深化供给侧结构性改革,提高实体经济水平,做出了具体的部署和安排。刘素芹认为,产品质量对于一个企业的发展来说至关重要,除此之外,实体企业要发展,不能急功近利,心态必须要好,只要有社会责任感、做事认真,就会有机会存活下去。

在当前这个"大众创业、万众创新"的时代,许多年轻人跃跃欲试,想要通过创业一举成功。他们阅历不足,缺乏企业管理经验,所以往往总是以失败告终。作为前辈,刘素芹奉劝大家谨慎创业,培养遇事冷静、坚持的品行和个人魅力,不断学习、不断改变。既然选择了创业,就要有规划,才能走得长久、走得更远。

刘素芹是我国实体经济发展的见证者,她白手起家,遭遇了金融危机的"洗礼"而重生,始终坚守在实体经济一线;她是一个企业的主心骨,用一颗善心服务用户、坦荡之心与经销商合作、赤诚之心对待员工,天禹在她的带领下焕发出勃勃生机。同时,她是一名女性,兼具女性的柔美与坚韧,在一次次挫败中脱胎换骨;身为母亲,虽然鲜少陪伴在家人左右,但是她的担当和坚持也同样鼓舞着家人。

人物点评

　　作为一名女性,她从打工做油漆匠、开蛋糕店到做车床配件加工,再到成立农机公司,成为行业翘楚,这一路走来,靠的是她坚韧不拔的意志,靠的是勇往直前的拼搏精神,更靠的是充满智慧的经营之道。

　　作为一位成功的企业家,她遇事冷静执着,对人坦诚相待,用坦荡之心对待客户,用赤诚之心对待员工,不断学习,不断创新,带领企业焕发出蓬勃生机。

　　我们相信,她的成功之路会走得长久,走得更远。

为老百姓的餐桌健康负责

——访湖北青腾生态农业开发有限公司总经理刘青山

刘青山,1955 年出生,原为农业技术推广中心技术员,2012 年创办湖北青腾生态农业开发有限公司,担任总经理。一生执着农业,单位改革之后,眼见国人的身体健康受到农残、激素等化学物质的侵害,为了让老百姓都能吃上健康安全的蔬菜,创办了生态农业公司,致力于种植有机蔬菜,发展有机农业。公司选址在黄冈市黄州区路口镇戚家岭村蔡家潭旁,该处无污染、土地肥沃、水质优良、空气新鲜,公司严格参照国家标准:GB/T19630—2011 进行蔬菜种植,采用人工除草,全程无农药、无化肥、无除草剂、无防腐剂及化学激素,非转基因。防治病虫采用温度调节、肥料控制、生物农药和太阳能杀虫灯、交直流电诱蛾灯、粘虫板、人工捕捉等措施。肥料使用沼液、沼渣和腐熟的农家肥。种植出来的蔬菜均匀整齐、色泽鲜嫩、口感好、营养丰富,深受追求健康生活人士的喜爱。

随着现代人对食品安全的要求越来越高,无污染、无化肥农药残留的有机蔬菜受到越来越多的市民喜爱。据联合国粮食和农业组织发表的一份报告分析表明,在过去的 10 年间,在一些国家的市场上,有机农产品的销售额年递增率超过 20%。

有机蔬菜种植讲究的是安全、自然的生产方式,可以很好地促进和维持生态平衡。有机蔬菜无化学残留、口感佳,而且已被证明比普通蔬菜更具营养。在国外,有机蔬菜早已经走入寻常百姓家,日本的有机蔬菜普及率高达 80%,美国普及率更高。

我国自 1994 年成立"国家环保总局有机食品发展中心"以来,有机农业已经发展了二十多个年头,但相较于其他行业来说,有机农业的发展仍然相当缓慢,受利益驱动的商人更加青睐于投资一些高回报的产业。但总有那么一些人,他们不在乎能够赚多少钱，也不在乎需要付出多少艰辛，他们有理想有信念，愿意为了让老百姓吃得安全贡献一生的努力。他们相信有些事必须有人去做，选择成为有机农业的卫道士，坚守信念，愿意为老百姓的餐桌健康负责。

选择"有机"是为了老百姓的健康未来

出生于1955年的刘青山，自参加工作以来就一直奋战在农业技术的第一线，他曾任湖北省红安县城关镇农技推广站党支部书记，在乡镇"八站一所"实行"以钱养事"改革后，离开单位成了一名自主择业者。

那一年，从来只会与农作物打交道的刘青山心中充满了迷茫。他常年跟随国家的方针走，按照领导的指示办事，他会的只有农业技术，不懂经济大势，也不知道除了农业自己还能做些什么。

"那几年，经常听到新闻里讲，有人吃了地里刚摘的蔬菜水果病倒，还有孩子早熟、年轻人不孕不育以及我国的患癌率越来越高。"终于能够闲下来的刘青山开始关心民生大事，当他看到越来越多的人们面临越来越严重的健康问题时，想到了曾经亲眼所见的那些场景：大量的化肥、农药被用到田间地头，病虫害被消除，农民年年丰收……搞了一辈子农业技术的他知道，正是那些提高了农作物产量、杀死了病虫害的化肥和农药日渐侵袭着人们的健康。蔬菜已经不仅仅是蔬菜，瓜果带给人们的也不仅仅是营养，对人体有害的化学物质随着盘中餐进入人们的身体，生活水平日渐提高的人们正在为化肥、农药的滥用付出代价。

"其实，除了人们日常能够看到的、体会到的之外，在看不到的地方，农药、化肥也在破坏着我们生活的环境，土地、水源被污染，水蒸发到空中变成雨落下，不只再次污染着土地，也污染了空气。"健康指数的日渐降低已经将农产品的安全问题摆在了人们的眼前。

"土地里长出的东西，如果变成了害人了，那真是对农业生产者最大的侮辱。"刘青山热爱农业，也珍惜工作给自己带来的荣誉感，所以，当他意识到那些大量使用的农药、化肥其实是在损害人们的身体健康，并且余毒长久之时，终于知道自己应该做什么了。"我对自己说，你要搞有机农业，种有机蔬菜，把健康还给人们，让人们不再为吃进嘴里的东西担忧。"

2012年初，刘青山只身来到黄州，创办了湖北青腾生态农业开发有限公司，他承包下黄州区路口镇戚家岭村蔡家潭旁市种畜场的101亩荒坡野岭作为生态基地，正式开启了全新的追寻有机梦想的创业之路。

"有机"虽难，但初心不改

"我对农业有特别的感情，有机蔬菜卖相虽不太好，但它是顶级的健康安全食品。如今人们追求高品质生活，有机蔬菜必定会回归到人们的生活中来，我非常看好有机农业的发展前景。"对有机农业的未来充满美好憧憬的刘青山并不知道，自己选择的其实是一条千辛万难的道路。

这第一难就来自于家人的反对。

"家里人都认为我年纪已经这么大了，应该好好休息下，在家安度晚年，而且他们认为从历史上来看，种蔬菜就没有赚钱的，更不要说是有机蔬菜。"家人的意见令刘青山倍感困扰，但一想到那些看过的新闻、听说过的数据，他又始终做不到放手。"我知道他们是为我考虑，但是这事情如果不做，我一辈子都会觉得遗憾。"

刘青山默默地收拾好简单的行李，告别了家人，独自一人来到了承包地。"那里原来是坟场，后来迁走后变成了一个养猪场。地方虽然偏僻，但从各方面来讲都符合国家对有机农业的要求，离城市有二三十公里，最近的公路也在三公里以外，而且地势较高，能够有效地避免被其他地方的农药、化肥和污水污染。"但令刘青山没想到的是，他精心选择的生态基地，土壤检测结果竟然是有机质几乎为零。

没有有机质的土地如何种植出有机蔬菜来？望着眼前的荒坡，刘青山想起了来的路上听到附近老百姓说的那句话："那个地方哟，天晴一把刀，天烂一滩泥。"是就此放弃，还是继续留下来，刘青山作了难。短暂的犹豫后，他决定亲手将荒坡改造成良田,让烂泥变得肥沃,让坟场里也能长出健康来。

2012 年 5 月 12 日,刘青山从黄州区堵城镇叶路洲运来大量沙泥土覆盖、培植和改良土壤。晚上,他睡在门卫室,白天,他奔波于烈日下,从第一天开始,他就亲自动手,手把手地教工人们该如何操作。为了不浪费一分一秒的时间,刘青山几乎从来没有吃过早饭,每年只有在春节的时候才能回家与家人团聚,

"刚开始我们没有办公室,为了方便工作,晚上就住在门卫室。门前是一个大粪坑,存储猪粪,白天不敢开门,怕蚊子跑进来,晚上不敢开灯,怕引来蜈蚣毒虫。"直到今天,刘青山仍然记得一个数字——276,那是他在门卫室住过的天数,也是对他曾经经历过的艰难的见证,这位本该在家弄孙为乐的老人,因为一腔热情,承受着不该属于他这个年龄的人应该承受的劳苦。

随着生产的深入,从用工到管理,从管理到销售,一个又一个问题不断地出现在刘青山面前,他说:"由于有机蔬菜的种植全程不能使用任何化肥、农药,必须全部采用人工操作,每天田间生产管理用工需要 20 多人,但实际只能请到 10 多人。年轻人一般都不愿意做种菜之类的田间活,公司只能在周边村请 55 岁以上'留守老人',这些人因为年龄偏大,效率普遍偏低。而且有机蔬菜必须新鲜采摘,行内人有一句话叫作,'今天明天采摘是精品,后天再后天采摘是次品,再过几天就成了废品,只能喂猪喂鱼',为了保证蔬菜的新鲜,工人只能延长工作时间。员工每天工作 8 小时,公司需要为他们供应至少两餐,忙时三餐。除了购置胶靴、雨衣、草帽等费用外,加班的时候每小时补助 10 元,再加上每人每月 2500 元左右工资,这些都是不小的支出,还有聘用物流配送司机、生产技术员、其他管理人员等,公司每月仅员工工资等费用支出就达到了 4 万 ~5 万元。"采摘、配送、物流成本的增加导致有机蔬菜的售价必然高于市场上的普通蔬菜,较高的价格成为有机蔬菜进入千家万户的拦路虎,明明是安全、健康的东西到了市场上却叫好不叫座。

但在刘青山看来,资金才是有机农业发展过程中遇到的最大难题,"尽管国家非常支持,地方政府也有帮扶政策,但银行不管这些,没有抵押物就无法贷款,周转困难的时候只能选择民间借贷,需要支付高额利息,无形中又增加了生产成本。"

重重困难之下,退出有机行业的人越来越多。据国家有机农业认证中心的数据统计,2013 年全国通过有机农业认证的企业有 9000 家,2014 年减至 6000 家,2015 年只有 3000 多家,2016 年减少到不足 900 家,而在湖北省,八家有机农业企业中的四家难以为继,不得已选择了放弃。在黄冈市,青腾公司是唯一的一家种植有机蔬菜的公司。"我们公司原来有三个股东,中途有两个退出,现在只剩下我一个。"谈起有机农业的现状,刘青山的声音里充满了苦涩和无奈。

尽管面临着如此巨大的困难,但刘青山没有一秒想过退缩,他鼓励自己一定要坚持下去,因为他知道自己做的是一件对国家、对人民、对后代都有百利而无一害的事。

功夫不负有心人,在刘青山的努力下,2013 年青腾公司正式开始有机蔬菜生产与销售。2014 年,公司获有机蔬菜证书。2015 年,进入常规生产期,全年销售有机蔬菜 15 万公斤,销往武汉的高端社区,并不断打开黄州、鄂州、黄石等地的客户市场,干货最远的卖到了上海、深圳等地。

五年的时间里,刘青山先后拿出数百万元资金,通过项目扶持,共投入 1000 多万元培植有机产业。公司生产的红皮白萝卜荣获第 22 届食品博览会金奖;"长青腾"品牌获得了第十届中国·武汉农博会金奖、黄冈市著名商标称号;青腾公司也成为 2012—2014 黄冈市龙头企业、十佳合作社;公司主持的"大别山区有机蔬菜周年高产栽培技术集成与应用"项目荣获 2015 年黄冈市科技进步三等奖,目前正处于专利申请阶段。

选择多元化发展,度过"有机"难关

"这么多年,我特别感谢一个人,他叫李燕超,是一位对有机农业非常执着的技术工作者。"刘青山口中的这个人,是他在一次参观其他有机农场时认识的,短暂的交谈令两人一见如故,李燕超钦佩刘青山在有机农业方面的见识与胆识,刘青山仰慕李燕超在有机农业方面的学识,两人探讨了有机农业的现状,分析了困难与前景,英雄所见略同地认为有机农业的春天必将很快来临。

在刘青山的盛情邀请下，李燕超加入到青腾公司。"他的敬业精神和吃苦精神都是我相当佩服的，这么多年他一直住在公司，每天把自己当成最普通的员工，带头吃苦，而且其他公司几次想请他过去，他都不去，开再高的工资他都不为所动。"相同的理念让刘青山和李燕超拧成了一股绳，为了度过眼前的难关，两人经过多番讨论确定了新的发展思路，决定将公司带到一条"猪→菜→鱼→家禽"的多元化发展的道路上来，充分利用各个环节的生产废料，将猪与家禽的粪便作为蔬菜的肥料，将菜虫当作鱼儿和家禽的美食，搭建起一个可以自循环的健康生态环境，突破原有的单一产品模式，向市场提供大量优质的有机食品，从而拓宽公司产品的销售面，壮大消费群体，让青腾公司能够在残酷的市场竞争中站稳脚跟，等待"有机"时代的到来。

目前，青腾公司已经养殖了几千头有机猪，其中，从英国引进的巴克夏猪以其肉质细腻、口感鲜美、瘦肉多等特点受到了广大消费者的青睐。此外，公司还养殖了几千只有机鸽子专供酒店使用，鸽粪作为肥料运用到蔬菜和果树的种植当中去，在公司的生态长廊上，3000多株的红美人葡萄令人垂涎欲滴，每到丰收的季节，前来观赏采摘的游客络绎不绝。

为"有机"建言，期待"有机"时代的到来

刘青山认为，当下有机蔬菜发展遇到的困境只是前进的中"坡坎"和"插曲"，放眼全国和世界的有机产品市场呈良性发展态势，沿海地区、重要一二线城市中已经有越来越多的消费者开始选择"有机"生活，"人们对食品的需求，第一步是吃饱，第二步是吃好，吃好中最重要的一点就是要吃得健康，有机产品正好能满足人们的这种需求。"

作为一名有机农业的先行者，刘青山对于公司的未来有着明确的规划，他计划在做好"长青腾"这一品牌的同时尽量开发更多的销售渠道，扩大生产规模，提高企业的信任度，获得更多消费者的认可。

但同时，他也提出了自己中肯的意见，希望国家能够给予有机农业更多的支持。

他说："国家规定有机农产品每年都要重新检测、重新认证,每个品种单次检测费近千元。每年3月上报,样品通过快递送北京专业机构检测、认证。样品如果腐烂需要重新邮寄,青腾公司的番茄样品几乎每年都要寄送三次。省内专门机构还要适时到实地监测基地土、水、空气,每年此类直接费用都在数万元以上。检测、认证通过后,还需要购买防伪小商标,单个小商标0.05元、0.08元、0.10元,每年购买小商标也需支出数万元。"刘青山承认,严格的检测和认证标准是对有机农产品去伪存真的最好保证,但有机农业想要得到长远的发展,就必须简化流程、减少重复费用,这部分成本的减少将对从事有机农业的公司发展起到极大的推动作用。

"有机农业不是一两个人就能完成的事业,它关系到全民的健康问题,也需要全民的参与,作为媒体,应该大力宣传有机农产品的好处,让人们充分认识到使用农药、化肥的蔬菜潜在的危害;同时政府应该引导市民健康消费,限制和逐渐消除有害蔬菜的生产和销售,多深入有机农业企业指导,落实有关政策,给予金融支持,吸引更多人投资创办有机农业企业。借鉴江苏、上海等地经验,扶持有机农业做大做强,形成规模和品牌效应。"

人总是趋利避害的,刘青山坚信有机蔬菜总有一天会成为人们生活的必备选择,但通往健康生活的那条路道长且阻,作为一名有机农业先行者,他时刻都能感受到肩头的担子有多重,但尽管如此,刘青山仍然愿意为之而付出终生的努力,他相信自己毕生的心血不会白费,也相信人们的健康意识终究会觉醒,"有机时代"全面来临的那一天,他将站在自己带头耕作的那片土地上,为人类的"有机生活"喝彩。

传承莞香千年文化 践行莞香非凡理念

——访东莞市莞香园艺科技有限公司董事长刘东晓

刘东晓，东莞市莞香园艺科技有限公司董事长。公司所做的莞香项目先后被列为东莞市科技型企业创新资金项目、广东省星火技术产业带项目和国家自然科学基金项目。公司创新研发的莞香茶项目被列为东莞市"十二五"规划重点扶持项目，莞香园被列为东莞市"十二五"期间建设的四大市级生态农业园之一。2013年，"莞香"品牌获2013年东莞文化产业博览交易会全国最佳参展品牌，刘东晓获中华文化传播卓越贡献奖。

广东东莞，又称"莞城"，它是中国改革开放的前沿城市，涌现出了袁崇焕、张家玉、王志东等著名人物。东莞作为广东重要的枢纽和外贸口岸，因其独特的地理位置以及深厚的历史文化而被世人所知晓，而在东莞的深处，却还有一丝"香气"，没有被世人察觉。

在广东东莞清溪的深山老林中，藏着一种散发着天然奇香的树木——白木香树。它所结的沉香香气独特，品质极佳，具有极高的药用价值，因此历史上特别将东莞所产的沉香命名为莞香。早在400多年前的明代，广东就以东莞香市而闻名。在明末清初之时，东莞有50%~60%的人以莞香维持生计。可以说，莞香是东莞的标识。而这有着悠久历史的白木香树，也是清溪的名片。

虽然有着丰厚的文化底蕴，但由于莞香自身独特的采集方式，到了近代，曾经名声远扬的莞香一度濒临灭绝。东莞当地的有识之士为了保护这独特的地方产业，纷纷投入到传承和发扬莞香文化和生产的队伍中。而这其中，刘东晓二十年如一日的传承、保护、发扬、创新莞香文化和莞香产业的历程,则是莞香这一具有地理标志性的特色产业在近代走过的艰辛发展之路的一个缩影。

立志做独特"香气"的传承者

在成立公司之前,刘东晓的经历可以说是丰富且坎坷,19 岁进入国企。40 多年前,国企就是铁饭碗,能在国企工作是很多人求之不得的事。刘晓东在国企里任团委书记和公司高管,而刘东晓却说,就算在国企做到 50 岁,也还是一个样子。胸怀大志的他,20 年前毅然从国企离职,想去广阔天地闯一闯。

当时,由于他准备在清溪山区承包山林准备发展荔枝、龙眼等项目,刘东晓偶然发现了白木香树的原始群落。山林中很多白木香树都被砍了,焚烧的时候,香气蔓延了整片山林。对香素有所了解的刘东晓认出了这片白木香树,并将这片土地上最后一批数百年历史的白木香树保护起来了。从这以后,刘东晓就成立了公司,开始研究白木香树。

"莞香的市场需求很大,并且还在逐渐增加,像大家广泛使用的云南白药的原材料都会用到莞香,但它的原料——白木香树,却没有太多人去保护和种植。在近百年的时间里我们没有对它进行一个好的传承,现在我想把这件事做起来。"刘东晓这样说道。

上好的莞香需经百年凝结而成,它的形成十分复杂,并不是直接取于木材,也不是来自树脂,而是白木香树受到外界伤害,如刀斧砍伐、蚁虫蛀咬,分泌出树脂来经和外界细菌结合的生化过程愈合伤口。这些独特的分泌物慢慢形成了混合木质和油脂成分的固态凝聚物,即为莞香。由于莞香从树木生长到自然结香需要漫长的时间,所以香农会在香树上人为砍凿出许多伤口,让香树不断分泌树脂,形成莞香。

这种传统的采香工艺虽然周期短,取香快,但对白木香树的损害极大,很多香树因砍凿太多次而逐步死去。如何能在保护香树的同时提高莞香的产量?刘东晓下决心要攻克这个遗留了百年的难题。

努力做"香美人"的保护者

传承已经很难，想在传承的基础上颠覆传统更是难上加难。"没有一个前人走过这条路，所以我们也没有任何的经验和资料可以借鉴。"刘东晓说。但既然做，就要做好。刘东晓下定了决心。

为了能在保护香树的基础上提高产量，刘东晓投入了大量的人力物力。2006 年开始，刘东晓就联合广东省的华南农业大学、植物园以及南昌大学共同做研发。同年就有了不小的突破，和传统采香工艺相比产能提高了 2~3 倍，但是还远远达不到需求。通过 10 多年的试验、攻关、研发……刘东晓成功在白木香树的繁育、移植、结香和采集方面取得历史性的突破，使得单棵白木香树的产香量提高了近 30 倍，年产量从 500 公斤左右提高到了 2 万公斤（全国 10 万棵树）。按照中国当前的国内市场需求，每年需要沉香原料 50 万公斤左右，大量沉香原料依靠进口。可以说，刘东晓的研发，为中国莞香产业的健康发展以及对白木香树的保护起到了极为重要的促进作用。

"有些东西并不是研究就能突破，还是要靠你的想法去主导一个方向，内心有一个概念。做多了，有了经验，发现了某种特征，再去不断地试验，就能一步步向结果走近。"刘东晓说，这个东西也要靠悟性。"莞香这么多年的历史，有它独特的价值，我们这一代人怎么去传承，怎么传好，都是考验。现在很多人都好高骛远，不去一点点解决问题，我就是那种一步一步去走的人。只要你去用心，总会找到规律。"可以看出，刘东晓对于莞香的热爱，是真正从骨子里散发出来的。因此，莞香先后被列为东莞市科技型企业创新资金项目、广东省星火技术产业带项目和国家自然科学基金项目。

潜心做莞香的创新者与弘扬者

在十多年的攻坚克难的时间中，刘东晓不仅研发除了提高香树产量的方法，更是确认了白木香树含有非常丰富的氨基酸和黄酮类等元素，对人体健康有着重要的利用价值。传统的白木香树只是用来采香,但现在,一个更大的创新机遇出现在了刘东晓面前——白木香树全身都是宝。而现在市场上除了对莞香利用较充分外,白木香叶、花、果实、树皮等其他部位的利用基本上处于空白状态。

2014年,公司向国家卫计委申报白木香叶作为新食品原料:白木香叶对人体极为有益,因此,白木香叶作为新食品原料的审批将为莞香产业保护和发展起到决定性作用。在此基础上,他通过不断研发创新,获得了莞香茶、管香烟、莞香花托等国家发明专利。莞香茶项目被东莞市列为"十二五"规划重点扶持项目,莞香园列为被东莞市"十二五"期间建设的四大市级生态农业园之一,并先后被中央电视台以《远方的家沿海行——东莞篇》《寻找最美花园》为题进行报道。

刘东晓扑下身子一心做莞香的精神,很快为他带来了收获。2013年,"莞香"品牌获得年度东莞文化产业博览交易会全国最佳参展品牌,刘东晓获中华文化传播卓越贡献奖。此外,刘东晓莞香茶还获得了"广东十大名茶"美誉,莞香茶以及莞香酒参展2015年米兰世博会获得指定产品金奖,刘东晓莞香线香被首届东莞松山湖国际马拉松赛列为指定礼品。

"相比较莞香整个行业链来说,我们是全方位的。莞香茶、酒、烟、保健品等,我们都在做。"在刘东晓看来,这是他的公司最大的优势。"也许现在还看不出来,但是三五年之后,全方位莞香行业链一定会得到更大的发展。"同时,公司还会继续开发和丰富莞香产品系列,如洗面奶、面膜、日用品等。而说到已经成型的产品时,刘东晓笑了一下,做了一个"嘘"的手势。"很快就有,现在要保密。"

"传承莞香千年文化,践行莞香非凡理念"是刘东晓的企业文化,也是他心里一直时时刻刻告诉自己的一句话。他说,别人都是现有企业再有文化,他们是先有文化再有企业。把经济和文化相融合是非常难的事情。百年的东西已经有了自己的底蕴,传承下来已经很难,更别提要研发创新,要在经济层面上发扬。

但文化是源远流长的,社会也在不断前行。以前的文化枷锁虽重,但是更要在不断前进中突破这些枷锁。"总会走弯路,但是只要能少走,就已经很不错了。我的太太和儿子,都非常支持我。"说到家人,刘东晓语气变得非常温柔。"大家都是普通人,都是从不懂到懂,我在走这条没人走过的路,而他们也在不遗余力地支持我。只要一步一步地去解决,没有走不通的路。"

据他本人透露,公司以后的发展规划里还涉及中药行业。他说,中国很多的古药方里都要用到莞香,但这需要很长时间的磨合和投入。相信,刘东晓的韧劲,让他会在这条路上坚持走下去。而将来的某一天,我们会见到他带着他更多的创新之物,为莞香的传承、研发、创新和发扬交上一份满意的答卷。为此,东莞市政府定义为:对千亿莞香产业给予大力的支持!

创先锋品牌　做中国"质造"

——访深圳市盈家旅行用品有限公司总经理李忠

李忠，出生于1980年，湖南人，2006年成立台湾御阳实业有限公司；2010年创建自主品牌Wellhouse，并成立深圳市盈家旅行用品有限公司，目前公司已拥有数十项的发明专利，将近上百种自主研发的运动、旅行产品，是国内首屈一指的旅行用品生产加工企业。

随着国民生活水平的提高，旅行作为一种新的生活方式，成为越来越多人的选择。自驾、跟团、自由行、徒步……各式各样旅行方式为出游增添了不一样的体验，伴随而来的各种旅行公司和私人旅行定制层出不穷，旨在为消费者的出行提供更合理的计划和安排，而在深圳有一个人却在为让广大同胞们更舒服的出游而默默努力着，他就是深圳市盈家旅行用品有限公司的总经理李忠，

白手起家　遭遇滑铁卢

李忠，1980年出生于湖南，2000年高中毕业后因家庭经济原因不再继续学业的他，来到了经济特区深圳闯荡，进入工厂开始了打工生涯，并遇见了一路帮助扶持他的贵人，李忠在他的帮助下开始了自己的创业之路。

"如果没有他，就没有现在的我"，关于自己的创业之路，李忠这样说道，"当时刚从学校出来只身来到深圳，什么也不懂，什么也不会，他教会了我很多东西，让我懂得

了很多的道理"。

2006年李忠辞去工厂的工作,创办了小型的代加工厂,做起了外贸品牌代加工,产品涵盖各种旅行用品。严谨的工作态度和高标准的自我要求帮助李忠赢得了诸多客户的信赖,工厂亦由创办之初的入不敷出转亏为盈。然而当李忠的事业逐渐有起色的时候,一场世界性的金融危机不仅影响了世界经济的发展,致使很多企业因此破产;它更是成为摧毁李忠事业的推手,这对李忠外贸代加工的工厂是致命性的伤害,经济危机的出现导致他的客户无法正常支付合同款,甚至是无力支付合同款。

李忠主要是做日本品牌的代加工生产,金融危机出现后客户的资金链断了,当产品做出来之后客户无法付款,当时大概六七十万的合同款;那时的情况对他来说只有两条路可选,一条是跑路,一走了之,另一条就是继续做下去。在工厂经营四面楚歌的情况下,二十多岁的李忠选择了继续走下去。虽然那时国内加工行业都"你欠我,我欠你"的贸易支付现状,于他而言即使客户已经无法支付货款,但是欠材料商的费用是一定要正常支付给他们,这是李忠做事的原则,所以他通过向亲戚朋友借钱支付供应商的钱以及给员工发工资。皇天不负有心人,工厂在他的坚持下一步一步缓慢地向前走。

出口转内销 试水电子商务

在做外贸代加工期间,国外客户对品质要求的严谨态度为李忠开始打下了坚实的基础,由他经手的产品不仅品质优良,同样也为他赢得了国内客户的信赖,于是陆续有国内的客户选择与李忠合作。

由于金融危机的影响,工厂很多货物客户并没有验收,全部都积压在仓库,于是李忠尝试着在国内销售。"2009年电子商务刚刚兴起,于是我就尝试着在淘宝上做尾货处理,当时销售的产品主要是旅行充气枕,因为我们的产品品质特别好,虽然比其他家贵但是用着非常舒服,客户反响也很好。后来一些做电商的朋友也开始陆续帮我们做销售,因为当时公司效益不是特别好,所以为了节省开支在开始做电子商务期间公司的业务员和客户都是我一个人,一边学习一边寻找公司新的出路,而真正让我转变经营观念的是在与广州宝洁的合作之后",李忠这样回忆道。

与广州宝洁的合作是在 2010 年开始的, 机缘巧合之下广州宝洁的总裁用了他们生产销售的旅行充气枕觉得特别舒服,恰逢广州宝洁在长隆举办年会要送礼品,他决定在年会上送各级经销商旅行用品的套装。几经辗转之下找到了李忠,要定制一批产品。这对当时的李忠来说简直是受宠若惊,他觉得不可思议,广州宝洁竟然会选择跟他合作。合作初期李忠一直都在怀疑这次交易的真实性,创业初期的失败依旧让他心有余悸,并且从广州宝洁联系他到确定合作只有两个星期的时间,并且他们没有办法提前支付货款,只有很少的预付款,于是李忠决定赌一把。正是那次大胆的决定为李忠带来了新的事业转机。

"与广州宝洁的合作对我来说是一个很大挑战,因为他们给的时间特别短,只有一个星期的制作时间,我要完成 1400 多套旅行套装的原料采购、加工、制作、包装、运输交货等一系列工序;产品做出来之后是我亲自装车押送的,到了广州长隆之后我的心才真正落下来,这次会议他们订购了很多礼品,有神仙水的套装和各式各样的产品,那个时候我意识到如果我们产品有品牌的话这一定是个很好的宣传,当时是全国的宝洁经销商都在,也就是在那次合作之后我才开始真正意识到品牌的力量,萌生了做自主品牌的想法",李忠说。

自创品牌　再遇波折

在跟广州保洁的初次合作以后,李忠就开始寻找知识产权公司申请专利,做商标注册,确定品牌名称。他一直认为一家成功的公司就是实现品牌、经销商、消费者的共赢,所以他将公司命名为深圳市盈(赢)家旅行用品有限公司,并注册 Wellhouse 的品牌。好的产品和服务是品牌发展的基石, 从 2010 年成立品牌经过一年的时间 Wellhouse 凭借超高的品质和良好的舒适度成为旅行用品行业的佼佼者, 此后开始不断有经销商主动开拿货销售盈家产品。然而正当品牌开始逐步走向正轨的时候,盈家遭遇了品牌最大的危机。2011 年盈家最大的销售商模仿了他们的产品自己生产加工,并且在电子商务平台上进行销售,价格比盈家公司的还低很多。

"当时由于国内知识产权相关方面的法律不健全,我们对品牌保护意识也不是特别强,虽然我们有产权专利,并且在发现这一现象的时候及时向淘宝提起了诉讼,但是由于没有进行品牌授权,也不能提供更多的有利证据,所以他们胜诉了,他们胜诉之后还企图去抢夺我们更多的市场,主动联系品牌其他的经销商以更低的价格给他们进行供货,在那几个月期间我每天只休息几个小时,研究我们的品牌对比我们的货物,好在当时我们坚持不降价,不然也不会有现在的盈家"李忠说欣慰地说。

盈家所有的产品不管是从原料、服务、加工等各个方面都是由总经理李忠亲自跟进的,他对自己的产品品质很有信心,所以当竞争者出现并且价格比他们还低的时候,他购买了竞争者的产品进行对比,他发现不论是从技术、选材还是加工工艺方面,竞争者的产品都跟他们相差甚远,所以他坚定了不降价的决心,因为他知道恶性的竞争并不利于品牌更长远的发展。事实证明他的决定是对的,同年 11 月份左右之前流失掉的经销商开始重新选择与盈家进行合作,并且在后来的发展中建立了良好的合作关系。

"我知道他们一定会回来的,因对比的产品之后我发现他们的产品舒适度和核心技术都存在漏洞,而我们的产品是纯棉的,充气枕里的气囊是采用耐寒保暖的材质,之前我们这项产品是专门对日本做代加工的,业内都清楚日本人对于品质的要求是非常严格的,这也是品牌的优势之一,我们的产品经得起任何的考验"李忠自豪地说。

一直被模仿,从未被超越

在产品同质化严重的市场环境下,做好产品的同时,品牌亦坚持做好知识产权的保护,学会利用法律手段来维护品牌的合法权益。盈家旅行用品有限公司在运营多年之后,历史再次重演,Wellhouse 品牌再次被模仿。

2013 年智能手机在市场上快速蔓延开来,加之健康越来越受到人们的关注和重视,于是盈家公司开始转型开发手机运动臂包以及轻型运动装备。而当时在做手机臂包及相关轻型运动装备之前,李忠也曾考虑做运动鞋服等,但是中国的运动市场处于相对饱和的状态,国外品牌耐克、阿迪,国内的乔丹、李宁、安踏,这些成熟的品牌几乎已经占据了大部分的市场份额,如果去尝试做同类产品需要投入大量的人力和财力重新打响品牌、打开销路,与其如此不如尽早发掘新的产品,抢占新的市场领地。在几经考察之后,李忠发现小型运动装备是未来人们生活的必需品,于是便开始着手设计开发新的产品,申请新的产品专利。目前盈家旅行用品有限公司小型运动装备已涵盖运动臂包、腰包、音乐手机包以及运动臂带等系列产品,如今 Wellhouse 品牌运动产品已占据约 60% 的市场份额。

而作为最早的小型运动产品开创者,Wellhouse 品牌再次被国内某知名户外运动品牌模仿,并且该品牌在国内几十个专柜同步销售。自第一次品牌被模仿申诉失败后,李忠聘请了专业法律顾问帮助公司解决知识产权方面的纠纷,因此当事情再次发生时李忠第一时间安排法律顾问去交涉,哪知却被反咬一口,未来盈家旅行用品有限公司将对该品牌提起正式诉讼,维护公司合法权益。同时,李忠也呼吁广大自主知识产权开创者要学会利用法律保护个人或品牌的合法权益,提升自我知识产权的保护意识。当然在学会利用法律知识保护自我权益的同时要做好自身产品,因为好品牌需要高质量的产品来支撑,就像某品牌方便面广告里所说"你模仿我的脸,还模仿我的身,但是模仿不了我的味",这对 Wellhouse 品牌同样适用,因为同样的产品市场面有很多厂家只卖 9.9 元,但是销量非常不好,而 Wellhouse 品牌卖几十块钱,这足以说明价格不是衡量品牌的标准,好产品才是衡量品牌的最好标准,这也是盈家旅行用品有限公司发展至今的主要原因。

坚持创新 做中国"质造"

一个品牌如果想长远健康的发展下去,需要紧跟时代的变化,不断更新升级产品,提升产品的使用体验和舒适度,扩大品牌的深度和广度,迎合市场发展的需要和消费者的需求。因为李忠知道只有不断地创新和进步,才能带领品牌走得更长远,如今深圳市盈家旅行用品有限公司已经拥有户外运动、优质生活、旅行洗漱、护颈舒适四个系列产品线,共计 60 余项自主知识产权和发明专利,是国内首屈一指的旅行用品公司。

在开发每一项产品前盈家都会走在第一线深度去了解消费者的需求,因为只有了解了消费者的需求和心理才能设计出好的产品,才能更好地改进产品。走出去是深圳市盈家旅行用品有限公司一直倡导的设计理念,这亦是 Wellhouse 连续多年在电子商务户外运动品类项目销量数年名列前茅的原因。未来李忠将带领 Wellhouse 品牌在旅行和运动户外行业继续发展,不断地升级和创新为消费者提供更好的产品,将品牌立足于国内,走向世界。同时深圳市盈家旅行用品有限公司也希望和国内有创造能力的品牌联合起来,营造良好的市场竞争环境,将中国品牌推向世界,让中国质造享誉全球。

用科技改变世界

——访浙江洼赛智能科技有限公司创始人兼总经理李雪莉

> 李雪莉,女,浙江洼赛智能科技有限公司创始人兼总经理。洼赛公司成立只有两年,她在科研和管理的双重角色的转化中游刃有余,带领洼赛公司成为行业佼佼者,获得巨大的成功,可谓是一个传奇。

2016年4月10日,在第八届永康国际机械装备及工模具展览会上,所有客商都被这样一幕深深吸引:一个拥有圆圆脑袋的机器人正在以一系列流畅的动作完成路径识别、障碍物自动避障、语音对话、按点送餐等步骤,完美地代替了餐厅服务员的角色。这个来自义乌市洼赛智能科技有限公司展示的智能餐厅机器人一露面,就成为整个展览会的绝对焦点。据公司总经理李雪莉介绍,本届展会上带来的是公司最新研发的智能餐厅服务型机器人,分为无轨导航和有轨导航。让机器人当服务员,不仅代替了餐厅服务员重复送餐工作,节省人力成本,而且新颖的送餐模式,也能为顾客提供一个新奇的用餐体验,无形中提升了餐厅的品牌效应。

实际上,这已经不是洼赛高智能高性能的服务型机器人第一次引发围观和赞叹了。公司成立两年来,共参加大小展览会十多次,每次亮相都能给业界带来新的技术惊喜。此外,公司积极开展与其他第三产业领域智能开发的合作,比如在2017年洼赛公司与杭州银行合作推出的银行服务机器人就是一个典范。在这个"体验先行"的时代,金融行业越来越重视服务,从解决排队难题到笑脸迎宾,再到智能体验,银行服务越来越细化和升级,由此银行服务机器人已站在风口上,应时而生,顺势而为。洼

赛公司紧跟时代潮流,率先在杭州银行进行了银行业机器人试点服务。洼赛公司提供的银行机器人相较于以往的人工服务有如下优势:

第一,客户体验智能化。这将大大提高办事效率,减少客户等待时间,并且持续以良好的态度迎接客户,增加客户的满意度。

第二,工作时间远远超越了人工服务可以提供的工作时间弹性,使得顾客可以选择自己合适的时间进行业务办理,大大增强客户对银行的依赖性。

第三,智能记录和分析客户行为。智能记录和分析客户行为,将能为银行提供海量的客户数据。通过大数据技术和数据挖掘分析,传统银行将整合内外部数据资源,挖掘既有客户需求,创造新的客户需求,提供全新沟通渠道和营销手段,提升客户体验;优化运营流程,提升管理精确度,提高经营管理水平。

除了机器人之外,洼赛还给杭州银行带来了全方位的智能革新:

建立智能网店全景,从营业厅的视觉形象、功能区域布局、客户动线、业务办理效率、统一且人性化的机具设计、营销方式、隐私保护、系统界面、技术应用等多个方面考虑,让客户体验能够得到全方位提升。

设立智能导览台:3D 展示营业厅布局,提供业务办理指南;分支网点位置地图查询,提供排队信息;通过多媒体内容向客户介绍本行概况、网点分布、业务介绍、收费标准等多种信息,同时提供客户各种便民设施。

全面智能化,从自助交易机到智能发卡机,从存折补登机到大额存取款机。让客户可以自助办理业务,减少等待被服务的期限,加快银行业务流量。

设立体感互动技术互动探索屏和产品信息台,360 度全息展示产品,增加客户参与度,便于客户及时全面的了解银行各项产品及服务项目。同时还设有免费照片打印区和沙发休息区,尽可能为客户提供温馨舒适的办理体验。

智能银行,使一切银行服务的智能便利变成可能。杭州银行这种巨大的改变让人们不禁好奇它的背后到底是哪家强大的公司提供了技术支持?让我们一起来了解一下吧。

洼赛科技有限公司是中外合资企业,技术团队由哈尔滨工业大学机器人研究所和香港中文大学等国内一流大学和研究所机构的多年从事机器人研究的专家组成。洼赛公司是从事机器人及非标设备的设计与制造的高新技术企业,拥有先进的研发团队和完善的管理机构,公司技术团队已获授权国家发明专利40余项,主要从事机器人零配件、自动化装备、服务型机器人、工业化机器人研发。公司业务部门由7个事业部组成,主要开发迎宾、引导、餐饮、酒店、银行等服务型机器人。医疗机器惹人、智能工业机器人、特种机器人等专业机器人,以及机器人应用系统解决方案,并可根据客户需求进行产品定制。公司并称将致力于中国高端制造业的产品转型,力求为各行各业提供智能机器人的技术服务。这些产品的核心技术研发、制造、安装、销售及相关的技术转让、技术咨询、技术服务等都是由洼赛公司自主完成的。公司拥有自己的核心技术团队和先进的系统服务理念,是服务机器人的先行者,更是世界领先的机器人制造商。

创业的初期往往都伴随着各种困难和不如意。因为这不是第一次创业,所以李雪莉的经验帮助她规避了很多初期的困难,但最头疼的困难仍然存在:人才匮乏。事实上,这是国内许多从事高科技领域的创业者的共同烦恼,为了解决这个矛盾,李雪莉身兼数职,无论涉及新的市场开拓、新的项目,还是海外市场规划,她都亲力亲为,自己去干,直到合适人才出现,才脱手一项业务或工作。除此之外,李雪莉还特别关注技术,因为她知道技术是科技行业的核心,她再忙也会亲自参与到核心技术中去,公司的各个方面她都要亲自过问,确保达到"以实力铸造品牌,以专业成就精品。"的标准。谈到这个由自己创立的仅用时两年就成为行业翘楚的智能科技有限公司,李雪莉无比骄傲。

洼赛成功秘诀:天时地利人和

孟子曰:"天时不如地利,地利不如人和。"这个道理正印证了洼赛的成长。2015年,在国外生活了十几年的李雪莉决定回祖国建立一个以生产服务型机器人和自动化装备为主的公司,而之所以这个想法可以真正付诸实践并且取得巨大成功,是因为李雪莉高瞻远瞩地抓住了天时地利人和等有利因素。

定天时：众所周知，2015 年是人工智能技术标志性的一年，云计算基础设施的强大和神经网络研究成本降低，让人工智能走入更多领域。敏锐的商业嗅觉使当时已经小有成就的李雪莉看到了新的商机。她之前就有一家经营超过 10 年的可以个性化定制 1∶1 比例的变形金刚模型的工厂，这种得天独厚的优势使得在人工智能高速发展的时机来临之际，她能够带领团队迅速转型，利用已有的机械组装制造优势，占尽天时。

占地利：对于为何要在祖国，在浙江省义乌市建厂，李雪莉有自己的坚持。在国外生活十几年的她一直敏锐地注意着国内外市场的变化。祖国的高速发展和核心管理形式给她留下了深刻的印象，"我们中国在过去的二三十年发展得一直很好，在西方发展速度普遍放慢的今天，我们中国正在飞速成长！"而浙江义乌作为国际贸易综合改革试点城市，也是联合国亚太经济社会委员会确定的国内首批 17 个国际陆港城市之一，在贸易方面的战略优势显而易见。另外，国家对义乌的政策支持也是李雪莉十分看重的因素，就这样在诸多因素的支持下，她选择了浙江作为洼赛公司启程的起点，占尽地利。

谋人和：科技发展最重要的因素就是人才，这点李雪莉时刻铭记于心。她深知洼赛脱颖而出离不开优秀的人才和团队，而这其中对她影响最为深远的莫过于公司的联合创始人兼大股东、国家机器人技术领军人物、机器人技术与系统国家重点实验室哈工大研究所副所长付宜利教授。付教授研究机器人超过 30 年，先后获得国家科技人才奖等诸多奖项，拥有发明专利 40 余项。正是付教授的加盟使洼赛拥有领先的科研实力，并且能够成熟地将研究成果转化成生产力。此外，李雪莉还很注重员工团队的建设，她尤其注重人才的引进和培养，注重怎样才能发挥不同类型员工最大的工作热情和创造力。

"对于人才，不管胜于管。"是她一直坚守的信则，正是在这种自由、开明、平等的工作环境下，公司员工流失率几乎为零，所有人都齐心协力，共同书写洼赛的奇迹。这样善于利用人才的她，占尽人和。

洼赛未来发展，紧密相连中国梦

在这个科技飞速发展、机会与挑战并存的时代，未来几年之内企业的发展方向也就成为决定智能科技公司能否在市场上持续占有一席之地的关键因素。据研发部的李经理介绍，由于当前世界各国商用机器人技术水平大致相同，要想持续成为行业的领头羊，就必须找出可以超越同行的技术突破点。譬如在全球化日趋完善的今天，研究机器人多语种翻译和语音交互是目前行业内的主流，但考虑到语言表面字义与实际语义翻译差别的复杂性，至今还没有公司可以做出独立完成多语言翻译的机器人，洼赛未来也会在这方面加大科研投入力度，争取率先拿下这个前景不可估量的市场。

谈到行业未来的变化和公司未来的发展前景，李雪莉也有自己的考虑。当前公司生产的机器人普遍具有先进的语音交谈、人脸辨识、激光导航、选配功能等技术，并且结合手机控制、自动充电等功能。未来，怎样最大限度持续为顾客提供更多智能便利的服务和互联的体验将成为 AI 科技发展的新方向，这也是公司研发部门一直致力的目标所在。

多年的创业经历告诉李雪莉，只有觉悟上紧紧跟随党和国家的步伐，利用国家政策上的优势实现和发展以中国梦为蓝图的企业梦，技术上以开发新产品满足不同客户的需求，以过硬的产品质量赢得市场，以精益求精的精神为客户生产高品质的产品，才能立于不败之地。

"中国梦，是大家的梦想，无论是企业还是个人，都想把日子过得更好。人和人之间都是相互服务的，实现中国梦靠的是中国人民。"

作为一名爱国人士，李雪莉多次表达了对国家政策的支持。在习近平总书记带领下，祖国同多个国家建立了新的发展、贸易、合作战略，而国家的开放与富强又会间接受益与发展中的企业，对于洼赛智能科技有限公司来说，自从"一带一路"开始，经常有来自世界各地的客人来学习和合作，这无疑为公司未来的发展带来了新的活力。

此外，对于习总记在党的十九大报告中倡导的"工匠精神"，李雪莉也有自己的理解。她认为,在从"中国制造"到"中国创造"的进程中,中国的企业要制造能走出国门的产品,要组建好团队,这些都离不开工匠精神。而这一切都可以在洼赛的企业使命中体现出来:"拥有一支全球领先的团队、生产一批国际品牌的产品、开创一种世界先进的模式。"

　　面对"大众创业,万众创新"的社会发展主旋律,作为成功企业家的李雪莉充分理解到了自己应该承担的社会责任。她深知自己作为时代的创业先行者,有义务将自己的经验和建议分享给年轻的创业者。虽然现在流行创业,但并不是每个人都适合做生意,在真正做决定之前,不能意气行事,不能头脑发热,应该了解自己的资源优势所在,看自己真正擅长什么,对什么有着持久探索的热情。在进入创业领域之前,要多做调研,知己知彼才能百战不殆。

启航无人机　放飞创业梦

——访龙翔科技创始人李翔

李翔,龙翔科技创始人,2014年7月毕业于中北大学,飞行器设计与工程专业、国际贸易专业,现担任太原龙翔精灵科技有限公司执行董事兼总经理。

看过《爸爸去哪儿》的朋友们不难发现,节目中很多"高大上"的镜头都是通过无人机进行航拍。近几年,无人机的研发、制造和市场应用日益成熟,这个行业也承载着很多年轻人的创业梦想。

有这样一位90后,同龄人还在为就业发愁的时候,他已经操控着无人机,开创了山西航拍的先河;他创办的公司已经在山西青创板正式挂牌;他已经能与总理对话,怀揣着创业梦想侃侃而谈……

他,就是26岁的山西小伙李翔。谈起李翔创业,就不得不说他与无人机的不解之缘。或许是冥冥中早已注定,他的名字是单字"翔",他从小便酷爱航空,痴迷飞机,所以大学时毅然选择了飞行器设计专业。

大学期间,李翔广泛接触与无人机有关的东西:参加航模协会,空暇时间带着无人机到处跑,毕业之际还做了班级毕业视频的航拍;在兵器装备设计大赛中,他的无人机设计方案获得大赛一等奖;大学生创新创业项目中,他们的太阳能扑翼仿生飞行器成功获得校级立项。每一次经历都带给他更深刻的思考,也使得他在无人机领域越走越好。

如今,李翔自制的无人机,常常飞翔在山西的天空中,而他也在追逐梦想的道路上不断前进着。

兴趣驱动追逐梦想

"我喜欢飞行器，也喜欢创业，毕业后当大多数人到处奔走寻找工作时，我决定自己创业。"李翔说。带着对创业的执着，对梦想的热爱，2014年毕业时，在对市场进行了广泛而深刻的评估之后，李翔便与几个志同道合的同学组建团队，成立了太原的一家无人机公司——太原龙翔精灵科技有限公司，创业初期建立以航拍为主导业务的创意工作室，开启了自己的创业之路。

万事开头难。"当时，我们要钱没钱，要人没人，技术也不够雄厚，所以我们只能脚踏实地，一步一个脚印地慢慢寻找资金、拓展人脉、提升技术、积累经验。"李翔谈起创业经历。

年轻团队开始创业最缺乏的就是经验，为了更好地了解形势，熟悉市场，李翔先后跑遍了全国十几个城市，多次参观企业展览、积极参加企业商会、聆听企业名家讲座……从中学习一些关于创业和企业运营所需的知识，汲取经验，为之后公司的经营提供帮助和借鉴。

在创业初期，加班加点成了李翔和他团队的家常便饭，为了满足客户需求，李翔经常赶写策划方案熬夜到凌晨两三点，有时甚至与整个团队的人干脆在工作室住下，不分日夜，废寝忘食地工作着。

此外，为了筹措资金，他和创业团队也是集思广益，想方设法。除了掏出私房钱、向朋友借款，他们也努力拓展着业务。航拍，很多人的第一印象都是震撼、恢宏，但这群年轻人却另辟蹊径，主打低空镜头拍摄。为政府和企业拍摄制作宣传片，为婚礼进行跟拍，与机关单位合作勘测航拍，与保险公司合作航拍定损，以及与校园 APP 合作毕业季航拍纪念视频……李翔将航拍的应用延伸到各个领域。如今创意工作室运营得风生水起，实现了公司运营收支平衡，并将利润投入到新项目的研发中。

不断壮大创业项目

据李翔介绍,最初开始的业务只是以无人机为主的影视服务,这与他的创业初衷有着很大偏差。"只是简单地提供技术含量偏低的服务,解决温饱是没有问题,但想更上一个台阶就难了。"李翔认为,"必须得掌握核心技术,有主打品牌,才能在将来的市场竞争中占有一席之地。"

此后,李翔一步步梳理自己的项目,逐渐微调公司未来的发展方向,重视自主研发,稳健转型。"我们一直倡导以消费者为中心的产品设计理念,产品一定要是客户点头的。"李翔说,"客户提出具体要求,我们来实现他的要求,而不是开发一款产品再推荐给客户。"

李翔曾为一位客户量身定制了一台"驱鸟"无人机。据说该客户承包了大片农田,常常遭受麻雀啄食,受损严重,而传统的"稻草人"收效甚微,于是希望李翔能为他量身定制一台无人机。接到订单后,李翔根据客户的需求和预算,在无人机上加装了扩音设备,使无人机在农田上空飞行时发出类似麻雀天敌的声音,以此驱鸟。据客户反映,效果颇好。

经过两年的发展,龙翔科技涉足工业无人机领域,着力解决当前市场中无人机操作复杂、维护成本高等痛点,为客户提供定制化的技术解决方案,立足山西,辐射全国,打造无人机领域的标杆。公司生产的无人机现已广泛应用到城市管理、农业、地质、气象、电力、抢险救灾、森林防火等领域。李翔举例说:"这类新型无人机在农业方面可以进行农药喷洒、精准施肥,实现智能农业;在物流方面可以挂载专用物流吊舱,执行定向物流作业,极大地提高效率。"

据悉,龙翔科技产品凭借其先进的技术、一流的设计先后获得了首届太原青年创新创业大赛二等奖、新疆生产建设兵团创新创业大赛铜奖、中国大学生创新创业大赛山西赛区一等、全国铜奖、正是这种追求与众不同、敢想敢干的精神,2016 年,龙翔团队被天使投资人看中,在山西青创板正式挂牌,龙翔科技获得了"资本 + 空间",公司发展有了质的飞跃。

李翔在采访中表示,公司目前除了在政府公共服务领域、农业大数据采集、无人机研发、合作建实验室、创立无人机维修班等方面成功发展,还开创了全新的企业发展理念——打造集无人机操作手培训、无人机设计、销售及售后服务为一体的企业,尽可能地全方位满足客户需求。目前公司推出龙翔智能信息服务系统是国内首款应用于森林火灾预报和火线预测的智能服务平台。"最近公司正在进行股份改革与融资,欢迎越来越多的合作者参与进来,共同拓展无人机应用领域,造福社会。"李翔向社会各界发出了诚意邀请。

总理给予鼓励和希望

2016 年 1 月 5 日,国务院总理李克强来到清华控股(太原)创新基地考察。期间,总理特意绕道来到龙翔精灵科技有限公司,视察公司并观看龙翔无人机项目路演。路演结束后,李翔向总理汇报了公司发展情况和龙翔无人机的技术特点,就无人机和创业想法向总理进行了汇报。总理与李翔亲切握手,并对其创业成果及创业精神给予大力肯定和鼓励,"祝你们成功""希望你们早日出口",总理为龙翔科技的未来发展指明了方向。

"希望你们能弘扬创业者的精神,传承这种精神,不断地实现由无到有,坚持走下去,你们会成功的。"李翔一直记得总理的这句鼓励!回忆起和总理对话的场景,李翔说:"和总理握手,我感受到他对我们的信任和期望。2016 年龙翔无人机在新疆也接受过国务院副总理刘延东一行的考察,中央宣传部部长刘奇葆、全国政协副主席李海峰、时任团中央书记处第一书记秦宜智等领导也专门到公司考察过,是他们的鼓励更加坚定了我们创业的信念,坚定了我们往前走的信心。"

"我们的业务未来规划将继续拓展到新领域,并且抓住'一带一路'的发展机遇,进一步开辟亚洲市场。"李翔满怀信心地憧憬着。

2017 年 5 月,龙翔科技作为一支山西省特有的无人机团队,与山西 23 家品牌企业组成山西代表团共同参加山西品牌丝路行(哈萨克斯坦站)活动。此次活动的参加标志着龙翔在出口业务上迈出了坚实的一步。出发前,龙翔科技对哈萨克斯坦做了精准的市场调研,展示的 LX-N1 植保作业无人机以及 LX 巡线无人机在无人机市场一片空白的哈萨克斯坦大放光彩,受到了当地经销商们的高度认可和热切期待。

现身说法指导创业

在谈及龙翔科技为何能在短时间内迅速壮大且为人瞩目,李翔总结道:"我们最大的优势就是能找准当前的一些市场痛点来操作,先人一步,勇于跨越,实现弯道超车,比如说,虽然都是无人机,但是我们会建立起另一个层次的无人机飞行控制系统,我认为只有做到无可替代才能真正一直不断往前走。"

李翔还认为,工匠精神是企业的发展核心,打铁还须自身硬,做任何事情坚决杜绝假、大、空,踏踏实实地一点一点去努力,精益求精。但在解决客户需求的基础上,他反而不刻意去强调"工匠精神",讲究的是实用主义,他说:"只要能实现或者覆盖了客户需求,我们就不会去虚高一些指标,因为指标虚高必定会造成设备价格上涨,导致客户的使用成本增加以及人力、物力的过多占用,使得客户体验度直线下降。"

在壮大自己创业项目的同时,李翔也不忘回报母校中北大学,他现已受聘为母校就业创业导师,并多次回校分享创业历程、指导学生进行创业活动,其公司为该校飞行器专业"私人订制"的三个专业实验室目前已基本落成。

"其实我也是一个创业者,我只是以自身经历做了一些总结,希望能为更多的年轻创业者提供借鉴,避免重蹈覆辙,少走弯路。当然,创业完全不走弯路也不可能,我希望他们了解了这些之后,哪怕走了弯路也不至于太消极,能够更快成长起来。"李翔说。

李翔曾告诉年轻创业者,大梦想更要小积累。若想成功,离不开一朝一夕的积累和付出,不要盲目创业,不要跟风创业,应打消不切实际的想法,选择适合自己的,静下心来,从小事做起。他希望年轻创业者要对自己有信心、对未来有信心、对国家有信心,坚定自己的梦想,不怕困难,积极乐观,坚持向上。

　　采访的最后，李翔说："我们最大的资本就是年轻，我们就是拿时间来换取人生经历，如果成功了是最好的，如果失败了我们也不后悔。未来的路其实是布满荆棘的，但是我们一定要有信心去克服各种困难。相信在不久的将来，我们会越做越大、越做越强的！"

人物点评

　　风起云涌间，他领军无人机行业，傲立业界潮头。强手如林里，他锐意创新，运筹帷幄，决胜千里，成就一代传奇。他以王者的风范，笑傲蓝天白云，堪称业界骄子。他志存高远，用青春的智慧和魅力，成为创业成功的典范。回母校现身说法，把正能量传扬。他踏潮放歌，组建企业集团旗舰，牢记总理嘱托，带领着团队正朝着国际化方向发展！

万家业主忧乐到心头

——访重庆市国鑫物业管理有限公司总经理李国全

李国全,出生于1953年,退休前为重庆市辖区工商局领导,2008年退休,2010年3月注册成立重庆国鑫物业管理有限公司,并担任公司总经理,因为成绩突出,在中央电视台证券资讯《创新中国》栏目中曾播出其事迹。重庆国鑫物业管理有限公司现已管理22个楼盘项目,招投标50多次,已跃升为国家物业管理二级资质,并顺利通ISO9001:2008质量管理体系认证,多次被重庆市房管局、物业协会评为三星、四星级物业服务公司荣誉称号。

2017年,重庆市国鑫物业管理有限公司注定走向全国,意义非凡,可谓国鑫物业的元年。1月,走进央视,向全国人民拜年;6月,再次走进央视,在cctv证券资讯《创新中国》栏目闪亮登场,并顺利通ISO9001:2008质量管理体系认证,这是国鑫物业的新高度。

重庆国鑫物业管理有限公司,现已管理22个楼盘项目,招投标50多次,已跃升为国家物业管理二级资质,并被重庆市房管局、物业协会评为三星、四星级物业服务公司荣誉称号……一连串耀目的光环,笼罩在国鑫人的头顶,让人倍感自豪,然而,这一连串骄人成绩的取得,都离不开重庆国鑫物业管理有限公司的带头人、总经理李国全先生。

带着好奇和敬佩之情,记者采访了重庆市国鑫物业管理有限公司总经理李国全。

出国还是创业？不断提升人生境界

身为重庆市辖区内工商局的一名执法干部的李国全，2008 年光荣退休，几十年为之奋斗的事业该画上一个圆满的句号。"船到码头车到站"，按照一般人的思路，退休的他可以安享晚年，打打太极、养养花草、下棋打牌、旅游观光……也许，这样平淡、消遣的日子会很快就被打发过去的。

本来，他可以出国颐养天年，过得顺心顺意，无须再费心费力。然而，退休后的他，发现中国城镇化的趋势不断发展，在注重房地产开发的情况下，后期的物业管理越来越成为最后一公里的"短板"，小区居民对物业的高品质需求越来越迫切，在这种背景下，闲不着的他却选择了创业，开辟出了另外一番天地，这就是创办重庆国鑫物业管理有限公司。这是国鑫物业的开始，更是国鑫物业创始人李国全先生的转折点，从此，国鑫物业在李国全先生的带领下，走向一条发展的快速通道。

创业之前，李国全可说是啥都不懂，刚开始做的时候，不仅证件不齐全，而且还带有很大风险性和盲目性。一没有经验，二没相关专业资质，这对任何人来说，都是个严重的挑战，有困难怎么办？绕着困难走，还是克服困难，寻找解决之道？这对不服输的李国全来说，当然是迎难而上，专业知识不懂，那就学习呗；特种行业证书没有，那就去考证，这些都难不住李国全，为此，他付出了常人难以想象的艰辛，他用 2 年时间去学习，而且还带着两个人一起学习，自己负担学杂费，并且承诺学好了，给予他们安排工作。

事实证明，付出总有回报，功夫不负有心人，经过坚持不懈的学习，他成功拿到了从电工、电气证书，到特种行业证书，国家安全法人管理证书，以及从事物业管理需要的各种证书。6 证齐全，这对已经退休的李国全来说，需要多么大的毅力、理想和坚守，正是这种精神，感染带动公司全体员工，不断创新、不断进取，这是公司发展壮大的精神动力，更是企业文化不断丰富发展的强大动力源泉。

创业，谈何容易？对物业管理一无所知的李国全来说，可谓挑战多多，正是这些挑战，成就了李国全。不服输的劲头，敢于挑战的精神，使国鑫物业公司一天天发展壮大,从原来的几个人,发展到现在公司拥有职工 500 余人;从刚创立的一个部门,到现在的两室六部(总经理室、副总经理室,行政管理部,法律服务部,物业管理部,设备保障部,财务部,客户服务部);从公司创办发展到在重庆当地具有影响力的物业公司,再到物业公司二级资质的取得,国鑫物业在追求的路上,永不停止;对业主服务的提升,永不停息。

人生就是需要不断提升自己的精神境界、开拓事业新高峰的过程。能干事、干实事、干成事,正是李国全对事业的新追求,从领导岗位退下来,还要造福社区、乡邻,安置下岗职工,扶贫帮困,成就了自己的一番事业,造就了人生的新传奇,生动诠释了其"老有所为"、"老骥伏枥"的雄心壮志。

拥抱互联网 +,打造智能化国鑫物业金字招牌

2015 年以来,随着社区 O2O 模式、互联网 + 思维的兴起,物业管理公司都希望在传统的设备、安保等基础服务之上,通过增值内容服务把业主转化为真正的用户,从简单居住管理转变为舒适生活服务,进而扩张商业半径,发展一站式社区服务平台。

走品牌战略之路,正是国鑫物业的新选择。面对眼下"互联网 +"时代的兴起,物业管理服务又面对什么挑战? 国鑫物业的掌舵人总经理李国全先生把握住了"互联网 +"时代,物业管理成功从传统行业向现代服务业转型,打造智能化国鑫物业品牌。

针对业主参与小区管理意识逐渐增强,为了追求更高的物业服务,国鑫物业总经理李国全先生因势利导,主动积极推动社区成立业委会,监督员工服务,提升小区居民的居住品质。国鑫物业在潼南北城龙珠小区竞标,最终以 484 选票获胜成功入驻北城龙珠小区,就证明了业主对物业公司服务品质的追求。做大做强,国鑫物业的品质、品牌的虹吸效应正成为国鑫物业进一步发展的金字招牌。

针对物业管理逐渐向品牌企业集中,业主对配套的物业服务需求也越来越高,不仅希望得到良好的居住环境,更希望物业能否保值增值。国鑫物业总经理李国全先

生把此看成公司进一步做大做强的良好机遇期,并以国鑫物业由国家认证的三级资质提升为国家二级资质为契机,开展多样化的宣传,开展物业全体员工的"比、学、赶、超、带"活动,把活动持续引向深入,收到良好的成效。

"互联网+家"的概念,从深层次角度说,给原本属于劳动密集型产业的物业管理行业,带来了转型机遇,也给物业企业盈利方式带来了新的商机。反过来,互联网也为物业服务品牌的知名度、认可度的传播提供了新渠道。对业主来说,互联网技术的植入,不仅可以提高物业服务企业的管理水平,也为智慧社区铺平了道路,为未来更智能化的生活体验打下了基础。

创新服务永不停止,赞誉不期而至

小编在采访的过程中,国鑫物业的总经理李国全先生有句著名的口头禅:"金杯银杯不如群众口碑"。对物业管理来说,服务就是企业的生命线,提升服务质量,创新性服务永远是摆在企业面前的重大课题。

创新不仅仅存在于工农业生产领域,也存在于服务行业,重庆国鑫物业公司生动地诠释了这一点。

物业管理服务面对更多挑战,传统的物业管理服务,依赖纸质文件、大量人力、过往经验、既有制度与流程。企业应致力打破上述约束,通过大数据等先进智能技术的应用,建立各种服务平台,加强与客户的沟通,充分发掘客户的潜在需求,进而开展各种以客户体验为核心的服务,对客户的物业需求快速响应,在客户需求的基础上,提供更具竞争力的、创新的服务方案,为客户带来全新的服务体验。

创新服务赢得了广大业主的广泛赞誉。大渡口区龙舟花园小区、南岸区朝阳居小区全体业主形象地称国鑫物业为:"小区的好管家,业主的贴心人";江北区天奇怡畅苑全体业主衷心赞誉国鑫物业:"业主物业一家人,礼仪服务献真情";渝中区俊豪时代小区、江北区绿湾嘉景苑全体业主赠"服务来源细节,细节决定成败";南岸区变维大厦小区全体业主这样评价国鑫物业:"真情有言行,服务无边境"……面对业主的赞誉,国鑫物业并没有沉浸在已有的成绩中,他们上上下下查找不足,查漏补缺,弥补"木桶理论"的最短一块木板,这就是国鑫人的胸襟和追求,更是国鑫人的抱负与志愿,力求完美,以自己的创新服务回报社会、回馈业主。

在科技日新月异的当下,如何利用移动互联网、云计算、大数据创新服务领域,国鑫物业的总经理李国全先生敏锐地把握了这一点,他说"互联网＋家"物业管理服务可能将实现"三化":平台化,以统一平台实现各种文本合同的统一管理;智能化,机器人的大规模普及或将大幅提高服务效率、提升客户体验定制化,基础服务将通过管理平台实现资源重新配置,满足使用者的个性化定制需求。

2013年被重庆市工商局南岸分局授予"重合同守信誉"荣誉称号;2014年度被重庆涪陵商会授予优秀会员;2015年度、2016年度被涪陵商会评为先进会员单位;对于这些荣誉的取得,总经理李国全先生总是这样谦逊地说,自己做得还很不够,需要学的地方还很多,这就是国鑫物业的掌舵人总经理李国全先生的本色人生,从这些点滴细微处,我们可以窥见其事业发展的缩影。

国鑫物业,品质生活到永远

从2010年3月国鑫物业成立至今, 总经理李国全先生从没有停止对员工服务的提升,对品质生活的追求。

从南岸区渝通大厦、丹桂楼小区、朝阳居小区、龙职中小区、变维大厦、海韵楼小区;到渝中区轻轨名店城、世纪花城、俊豪时代;再到江北区金色家园、春江名都、绿湾嘉景苑,大渡口区龙舟花园、渝北区汉东壹号……

从当初接管新开发楼盘的惴惴不安,到现在的各开发商、各政府事业单位争相邀请国鑫物业进驻,国鑫物业正在走向一个又一个辉煌的顶峰。

公司自成立以来,始终坚持"与时俱进,求真务实,稳步发展,以诚信求生存,以口碑求长远,让您更满意"的服务理念,为各项目小区广大业主提供"安全、文明、整洁、温馨"的物业管理服务。公司的追求——让物业因我更有价值,让小区更加温馨,让城市因我们更加文明,让社会因我们更加和谐,国鑫物业勇敢地肩负起时代的责任、社会的使命。为各项目小区广大业主提供高品质的服务,责任重于泰山。

国鑫物业在长期发展过程中,形成了具有自身特色的企业文化建设经验。公司特别注重内部的教育培训、增强服务意识,教育全体员工爱岗敬业,努力去做全社会"最美"物业人。公司始终把"外塑形象、内强素质,做小区的好管家,业主的贴心人"作为他们的服务宗旨。

国鑫物业管理精神四词16字,分别表达了四个层次的价值指向。一是行业价值取向:诚信服务;二是企业价值目标:务实创新;三是从业者价值准则:专业规范;四是社区价值导引:共治和谐。

"诚信服务",是国鑫物业管理行业的恒定目标,是从价值取向层面对物业管理行业精神的概述。它在行业精神中居于最高层次,对其他层次的行业精神具有统领作用。

"务实创新",是对物业服务企业的殷切期望,是从企业层面对物业管理行业精神的概述。它是物业管理满足社会人民需求的内在驱动力,是走出有特色物业管理道路的基本保证。

"专业规范",是对物业管理从业者队伍的素质要求,是从人的层面对物业管理行业精神的概述。它是物业管理行业的核心价值,也为物业服务企业的团队建设指引了方向。

"共治和谐",是对物业管理美好画面的描述,是从社会治理层面对物业管理行业精神的概述。它反映了物业管理行业的基本属性,引导各方关系协同建设和谐的社区生态环境。

公司发展至今,已获得社会各界的广泛赞誉,但国鑫物业一直秉承尽善尽美的思想,务求将国鑫公司发展成为物业一管理整个行业的龙头企业。通过对全体员工的宣传、培训,建立了一套符合国际标准要求的质量管理体系,并严格按照质量管理体系文件中的规定执行、实施,在执行过程中不断的改进和完善,使公司形成了一个系统、完善的管理体系,提高了全体员工的工作质量和工作效率,进一步保证了产品质量、服务质量和公司的管理质量，为公司持续发展，不断改进和提升奠定了坚实的基础。

　　祝愿国鑫物业越来越好，正如国鑫物业的总经理李国全先生所期待的那样，走出重庆，走向全国，走向国鑫更加美好的明天。我们热烈期待国鑫物业"花开满天"那一日！

缔造微球帝国　叫响中国制造

——访苏州纳微生物科技公司董事长江必旺

> 他既是科学家，又是企业家；他既是创业者，又是领跑者。
>
> 他从基础科研出发，大力创新，填补大量国内技术空白；
>
> 他用世界科技制高点的产品，带领企业强势逆袭国际市场；
>
> 在千万的企业为"保增长"头疼时，他的企业盈利却年年翻番，创造出异乎寻常的经济效益。
>
> 他是留美博士，他是"千人计划"专家，他是"国字号"纳微米球之父，他就是苏州纳微生物科技公司董事长江必旺。

制胜世界市场　催生产业奇观

在推崇创新创业、科技变革日益改写经济版图的新浪潮中，以江必旺为代表的中国企业家的形象，正在发生着深刻变化。

江必旺，留美博士，苏州纳微生物科技公司董事长。他从基础科学出发，"直接走上游"进行原始性创新，填补着我国大量的技术空白，并取得异乎寻常的经济效益。

江必旺博士团队的"绝活"，是将聚合物或无机氧化物材料分解成纳米级别的微粒，根据需要合成各种尺寸的均匀微球，用于医疗、化工、石油、通信等诸多领域。而在他们2015年投产前，我国还完全不能生产这种微球，仅制造色谱仪一项需求，每年就要花几十亿元进口。

一切的萌发,都经历过长久的蕴藏,转机发生在江必旺回国创业后。2015年,由其公司主产的"二氧化硅微球"首次批量销售,当年收入就达3000多万元;2016年增至6000多万元,今年则已经突破亿元大观。而增长的奇迹,靠的是跨上世界科技制高点的产品。

出身福建农家的江必旺,小时候帮妈妈卖菜都难为情,今天却成了市场营销能手。看起来像面粉的纳米、微米级二氧化硅微球,他有本事三言两语说服日本客户付出每公斤60万元的大价钱。

"您是日本来的吗?到我们这里来吧!""不,我是中国来的,还要回中国去。"去年6月,在美国旧金山举行的国际生物技术展会上,江必旺带去的微球产品让日本、瑞典专家大为赞叹,几家全球顶级公司提出重金购买技术,还想直接挖人,都被他果断拒绝。"我苦苦研究纳米技术20年,就是要让中国超过外国,怎么可能离开!"江必旺这样说。

"把最核心的技术留给祖国,让中国造出最好的产品!"这就是江必旺的单纯、朴素的爱国情怀和赤子之心。

远渡重洋深造　赤子情深报国

1984年,江必旺考上了北京大学化学系。与此同时自费留学也火热起来,大家纷纷学英文、背单词、考托福和申请出国留学。江必旺在北大毕业留校工作6年后,终于1994年赴美攻读博士学位。

获得美国纽约州立大学Binghamton学校博士学位后,江必旺顺利完成加利福尼亚伯克利大学博士后研究工作。随后在美国罗门哈斯公司的研发中心做资深研究员。事业顺利启航,家庭幸福温馨,孩子健康活泼。几年时间,江必旺的事业蓬勃发展,在最好的社区买了别墅,拿到了美国"绿卡",别人梦寐以求的"美国梦"在江博士这里早已是触手可及的现实。

然而现实并不总是完美的。在美国工作几年后,江必旺就发现公司感兴趣的科研往往都要求'短、平、快',大多数项目都是以产品改进为主,往往要求在较短时间内完成。科研人员很难专注一个领域深入研究,在这种氛围里,也很难让自己成为一个领域的顶级专家。工作中的瓶颈,让江必旺陷入长久的思索。

2004 年,离开祖国已整整十年的江必旺回国探亲。这十年正是祖国改革开放建设日新月异大变化的十年,江必旺回到祖国后,翻天覆地的变化让他感到惊讶,感到振奋。

在参观访问中,江必旺了解到中国虽然在加工业领域虽然发展非常迅速,但在很多重要的产业里尤其是在高科技行业,核心材料都是被外国企业所垄断,中国只是一个加工基地。

谈起当时的国情,江博士依然感慨,"比如色谱行业关键的色谱柱和色谱填料完全依赖于进口;在平板显示领域,生产液晶屏的核心材料都是日本垄断;在生物制药领域,占到生物制药成本的 50% 甚至到 80% 分离填料都从国外进口。总结一句话来说,就是当时很多产业的核心材料和技术都是控制在外国人手中的!"

由于本身在国外一直从事高分子材料研究,看到国内微球材料几乎全部依赖进口,这让江必旺心绪难平,一种壮志未酬、赤子丹心的情怀在他心中强烈激荡着。

回国创业的种子,在江必旺的心间悄悄萌芽了。此时的江博士在国际化学界已颇有声誉,在国际著名刊物上发表论文 20 余篇,拥有 20 项国际国内专利,还曾获美国化学协会杰出研究生 ZappertAward 奖。这是一块闪亮的金子,无论在哪里都会发出耀眼的光彩。

江必旺的创业想法得到了好朋友陈荣华的大力支持。为了支持江博士工作,陈荣华不但辞掉了自己在香港招商局的工作,还帮忙募集到了 1000 多万元的资金,搭建实验室的平台。与此同时,北京大学深圳研究生院也向江博士伸出了橄榄枝,邀请他回国任教,组建纳米微米材料研究中心。万事俱备,只欠东风,江博士回国创业的信念成为必然。

政府搭台筑巢引凤 "微球事业"扬帆起航

谁都知道原始性创新的好处,但许多人都耐不住原始创新的寂寞。决定回国创业的信念坚定以后,江博士 2007 年投资 1000 万元,在苏州工业园区搭建了国内第一个能规模化生产单分散微球的基地,率领多位在国外深入掌握高分子微球材料、现代色谱、药物缓控释、微载体和平板显示器等多领域前沿技术的"海归"人员到苏州园区顺利创办纳微公司。这家仅有 38 名员工的"小"企业蕴含着惊人的能量。

创业,江必旺选择了自己并不熟悉的生物制药领域。"不是没有反对声音的,甚至后来因此和一些合作伙伴有了很大分歧。"江必旺说。

首先,生物制药分离纯化环节对色谱填料及层析介质有极高的要求:既要保证目标产物与其他物质的分离,又要同时保持蛋白质等被分离物质的活性,否则对药品质量和患者的生命安全影响非常重大。全球只有极少数公司可以生产高性能层析介质。其次,国外公司在色谱填料领域已研究几十年,要有新的技术突破非常困难,而且做色谱基础材料周期长,投入大,风险高。最后,生物制药行业对于层析介质的选择还有一个重要的特点,那就是变更生产工艺中的分离纯化产品,将涉及制药法规及工艺中的诸多问题,难度非常之高。基于这些考量,对于纳微科技和江必旺而言,无论是从市场还是从技术角度来说,这个选择都颇具难度。

虽然困难重重,但江必旺却始终坚持自己的想法。"中国人口基数大,随着中国经济的快速发展和人民生活水平的不断提高,中国一定要有自己的生物制药产业以满足国内百姓对医药的要求,因此中国生物制药产业在未来一段时间内一定会高速发展。"江博士果然目光如炬,几年前的判断已经一一得到证实!现在,中国生物制药行业的飞速发展,对色谱填料及层析介质的高度需求,都完美有力地证明了江必旺当年选择的正确性。

"当前我国生物制药上游技术发展迅猛,而下游技术却一直徘徊不前,更为严峻的是,我国制药届分离纯化过程中大量使用的色谱填料与层析介质,也一直由国外厂商长期垄断。也就是说,国外厂商对色谱填料及层析介质的垄断,将会导致我国生物制药产业从源头上长期受制于人。"江博士说。

现在,纳微科技的产品正在悄然改变这一局面,其色谱填料及层析介质不仅包括硅胶、反相聚合物、固相萃取、生物大分子层析介质、磁珠等五大类,难能可贵是这些填料或介质均基于其领先的单分散微球精准制备技术。粒径均一性是评价色谱填料性能的一个重要指标,粒径分布越均匀,粒径分布差异系数(CV)越小,色谱分离性能也就越好。江博士介绍说:"目前市场上传统的进口品牌硅胶填料的 CV 值普遍大于10%;而在纳微的产品中,这一数值小于3%。"

谈到纳微科技的技术优势,江博士自豪地说:"纳米技术的关键在于精准控制,而非大众所普遍认为的只要做到小就是高技术。实际上纳米是一个长度单位,但纳米技术的精髓在于对微观物质的精准制造和精准控制。在产品无法用肉眼观测的情况下,还要能精准控制其大小和粒径分布,并可以调控纳微米球材料组成,形貌,孔道结构及表面功能基团等,这正是纳微科技的核心技术所在。"

当纳微科技带着单分散硅胶产品出国参加展会时,许多人看到后都不敢相信这些产品是出自一个中国公司,从空白到领先,纳微科技实现了中国高端色谱填料领域的真正突破。

被业界誉为"国字号"纳微米球之父的江必旺博士带领团队在短短三年时间把公司发展成为目前全球微球种类最多、应用领域最广的纳微米球材料供应商之一,成为国内首个单分散性纳微米球材料技术产业化基地,产品在多个领域打破了国外企业长期垄断的局面,改善了我国在生命、信息、环境和材料领域的科研质量和产业生存环境。

依靠原始科技创新异军突起,谈起成功原因,江必旺反复强调,除了自身拥有雄厚的技术基础和实力外,还归功于国家、政府和园区等各方面的大力支持。谈到政府在筑巢引凤,吸引高知人才是锁版样的角色,江必旺教授从科研人员的角度这样概括:"要懂得,懂得并尊重科技创新的规律,要让懂行的人有发言权和话语权;政府要识货,愿意提供保姆式服务。要舍得,舍得为"凤凰"筑好巢;要等得,要耐得住"创新寂寞",从"材料"入手,开始可能慢一点,但一旦突破了,就可以极大地提高诸多元器件、零部件的性能,带动我国制造业在很多领域实现弯道超车。"

穿针引线搭平台　愿中国造世界最好

　　一路耕耘,一路收获。目前江必旺已获得国家千人计划、科技创新创业人才、江苏省创新创业人才、姑苏领军人才、中国侨界贡献奖、江苏五一劳动奖章、苏州市科学技术进步奖、苏州市十佳魅力科技人物等多项荣誉,承担国家发改委生物医药发展专项、国家科技型中小企业技术重点创新基金、国家十二五科技支撑计划项目、江苏省成果转化专项资金、江苏省科技支撑计划等多项国家省市级科研项目。

　　创造技术并不是江必旺旅途的终点,他还在尽自己最大的努力将技术传播和分享出去。纳微科技作为一个企业,连续四年组织"制药分离纯化大会",这个举动在许多人看来也许很难理解,江必旺却说:"办会并不是为了宣传纳微的产品。4年前我们办这个会的时候,中国色谱领域最知名是色谱大会,但参加色谱大会的大多数都是科研院所的学生和老师,大会交流的内容大都是色谱领域前沿或基础研究最新进展,但这些对制药企业的实际帮助还不大,离产业化实际应用还有一定距离。中国色谱领域缺乏一个产业界交流的平台,需要一个能真正帮助制药企业、技术负责人和上下游供应商的平台。"

　　正如江必旺所说,大会除了邀请到了张玉奎院士外,所有的演讲嘉宾都是拥有一线实战经验的国内外专家,纳微科技搭建了一个能够帮助企业解决实际问题的交流平台,这也正是他的初衷所在。

　　现在,纳微科技的技术与平台在业内得到了广泛的认可,在谈到关于未来的愿景时,江必旺说,纳微科技最大的愿望是让全世界的色谱柱都能装上中国色谱芯而自豪。正如之前人们看到电脑主机上的"Intel Inside"标志就会感到信赖和靠谱一样,希望在不久的将来,全球的用户在看到色谱柱上贴有"NanoMicro Inside"标签时,也能够感受到这是一个品质高端安全可靠的产品代名词,纳微科技正在为打造中国色谱芯全球品牌而努力。

心怀苍生　善行天下

——访成都众一养殖有限公司董事长黄跃武

> 黄跃武,男,四川成都人,成都众一养殖有限公司董事长。1985年下海经商,1989年从事畜牧行业,创立海龙养殖公司,1993年成立西南大众养殖公司,专心发展海龙产业化项目,2008年创立成都众一养殖有限公司,打造一条特种养殖新道路,公司按照"七统一"和"190"的标准运行,希望尽己所能解决粮食紧平衡问题;30多年来,他心怀苍生,扎根畜牧行业,积极为当地经济发展做贡献。

无农不稳,无粮则乱。粮食是国家的战略物资,是人民的生活必需品。目前,我国粮食安全形势很好,但是仍然面临粮食消费刚性增长、粮食生产硬性约束的双重挑战,粮食供求还将长期处于紧平衡状态。

粮食问题依旧严峻,如何高效、快速地解决粮食供求的紧平衡状态,成为各级政府的重要议题。

黄跃武敢为天下先,为了缓解我国存在的粮食问题,苦心经营,饲养海龙。

当前,全球每年要消费几十亿头猪,喂一头猪要用两人一年的口粮。如若能用草食动物替换食粮的猪,那么就能够缓解粮食紧缺的一些问题。

食草动物当中,当属海龙营养价值高。海龙,即海狸鼠,是草食性皮肉两用动物,具有极高的经济价值和药用价值。为了让海龙成为平常百姓膳食结构的一部分,造福社会,黄跃武呕心沥血。

针砭时弊　敢为天下先

改革开放以后,市场经济逐渐繁荣,很多思维敏捷、敢于冒险的年轻人下海经商,正值壮年的黄跃武已然融入这股潮流当中。三十而立,他没有苟安一角,而是选择自主创业。万事开头难,当时国营企业发展势头正强,民营企业发展空间狭小,一条流水线的建立往往需要花费数年时间。下海初期,黄跃武凭借其敏锐的观察力和过人的胆略,辗转数月便建立了一条流水线,正当企业发展步入正轨之时,政府出于统筹考虑将该流水线收回,但是他并没有铩羽而归,而是另辟蹊径,开发了一条饮料流水线,怎奈饮料行业竞争激烈,使他又不得不退出该行业。经过几度波折,黄跃武审时度势,开始办起了印刷厂,虽在印刷业有所建树,但是因为种种原因,他又不得不停办印刷厂。商场上接踵而至的失意不仅没有消磨黄跃武的意志,反而培养了他百折不挠的决心。

济苍生,扶贫者,志强者智达。进入 20 世纪 90 年代,经济的快速发展带来了人口的急速增长,贫富差距也在逐渐拉大,温饱问题依旧困扰着世界上的诸多民族。黄跃武深感百姓疾苦,渴望能探索出一条解决贫苦大众粮食问题的创业之路。经过一番对社会现状的深刻剖析和考察,他从膳食结构当中找到了出路,而海龙就成为其解决粮食困境的重要一环。1989 年,黄跃武创办了海龙养殖场,作为改善粮食结构的先行者,他只能摸着石头过河;1993 年,受所谓的"泡沫经济"的影响,加之当时盲目炒种过盛,导致无人收购海狸鼠,更无人养殖,黄跃武的海龙养殖场遭受了巨大的损失;这之后,海龙行业一度萎靡不振,黄跃武只能发动亲朋好友养殖。他的坚守,不仅使他成为了海龙行业的活化石,还使得他心心念念的"膳食结构"改造工作得以延续,2008 年他创立了成都众一养殖有限公司,这无疑让他离梦想又近了一步。

针砭时弊,有的放矢。新事物的产生和发展必然会伴随着诸多弊病,市场经济也是如此。黄跃龙的下海经历其实就是改革开放以后我国经济政策的发展史,为解决粮食困境打拼了大半辈子,他对国家政策和企业发展有独到的见解。改革开放初期,我国由单一的公有制经济转变为以公有制为主、允许多种所有制存在并共同发展的经济制度,公有制的大量存在难免会对私有制产生冲击,民营企业举步维艰;20世纪末期,经过民营企业家们的不断努力,民营企业发展空间逐步扩大,但是逐渐僵化的政治经济体制给企业发展带来了诸多阻碍,黄跃武的海龙事业也受到了极大冲击;21世纪初,黄跃武本以为政治、经济体制的改革会给粮食结构的改善带来春天,但是积重难返,民营企业的发展依旧不易。

穿荆度棘　尚不忘初心

创业艰难百战多。企业要想得到发展,需要良好的经济生态环境:土地——满足企业设厂办公的土地条件;水分——开放便利的融资渠道;阳光——有利于企业发展的良政。黄跃武的创业之路历经波折,无疑与经济生态环境有关。土地方面,海龙不仅肉质鲜美、营养价值高,而且其尾筋可做世界上最高级别的天然蛋白缝合线,黄跃武和团队历时数年,成功申请专利,目前正准备投入资金进行开发,而国家按照"轻重缓急"审批项目的政策使得土地迟迟批不下来,开发事宜也就只能暂时搁置;融资方面,国家虽然鼓励中小企业发展,但是对融资渠道和手段管制甚严,致使中小企业资金链断裂;政策方面,目前,国家正在倡导大众创业、万众创新,很多年轻人盲目创业,使得社会的不稳定因素增加。千磨万击还坚劲,任尔东西南北风。尽管饱受挫折,黄跃龙依旧不忘初心,继续前行。

以特养促,以创新求突破。作为企业的领导者,黄跃龙清醒地意识到,唯有创新才能使企业屹立不倒,他总结出了一条前所未有的经营之道:公司采取"公司 + 自愿合作者 + 农户"的"甲、乙、丙"三方相结合的经营模式,按照"七统一"和"190"的标准运行。"七统一",即统一发展、统一计划、统一养殖、统一收购、统一开发、统一销售、统一分享。"190",即公司用19元1斤定价统一收购,以帮助更多的养殖户精准脱贫。公司获取尾、油、骨、皮等经济价值,把肉用0价格来供应市场,让粮食结构尽快得到改善。

苦心人,天不负。黄跃武的努力和坚守没有白费,他的默默付出给企业带来了诸多荣誉。2014 年,公司被评为"四川质量、服务、诚信 AAA 单位"和"爱心企业会员单位",2015 年被授予"四川省海狸养殖龙头企业",2016 年被选为"3·15 消费者信得过企业"。公司现有养殖基地 300 多亩,有四川 99% 的种源量,有我国 80% 左右的种源权,有 95% 的海狸鼠开发专利。基地现有存栏海龙几十万只;有 8 个合作组、养殖用工农户 188 人、自愿合作者 800 余户,真真切切地给国家、社会和民众带来了实惠。

矢志不渝　扬愚公精神

愚公不愚,默默坚守。当前,举国上下都在凝聚力量实现中国梦,黄跃武的中国梦就是改善粮食结构,解决粮食紧平衡问题,为此,他在耳顺之年依旧不忘初心,为这一目标而奋斗。他自称自己为愚公,从壮年时期就撸起袖子干"革命",这一干便是 30 年,勤勤恳恳、不畏艰难;他崇敬长征精神,并效仿之,尽管创业之路荆棘遍布,也能勇往直前、坚韧如初。他帮助更多人免受饥饿之苦、精准脱贫、发家致富,让更多人吃到放心、免费的海龙肉,让他们健康长寿。

雄关漫道真如铁,而今迈步从头越。粮食问题岂是一朝一夕就能解决的事,作为先驱,就必然要经受常人难以忍受的压力、拥有常人没有的魄力。黄跃武对未来企业发展的规划做了清晰而有见地的阐述,大体可以归纳为三步走战略:第一步,发动"膳食革命",用食草的海龙替代食粮食的猪,解决粮食问题;第二步,促进产品开发,以开发促消费,以消费促生产,促进产业升级;第三步,创建自主民族品牌。未来,黄跃武还会继续积极拓展中国特种养殖业,将改革进行到底。

作为解决粮食困境的推动者,黄跃武为国家排忧解难,解决粮食紧平衡问题;作为企业的掌舵人,他三十年如一日,勤恳工作、尽心规划;作为国家的一分子,他主动承担起社会责任,拉动消费、促进内需、盘活经济,倾力将"众一特养"打造成民族品牌,为中华民族伟大复兴中国梦的实现贡献力量;作为世界人口的七十亿分之一,他心怀苍生,善行天下,愿尽己所能让更多人摆脱饥饿。他是可爱的人,岁月有痕、时光荏苒,却磨灭不了他那颗执着于梦想的心;他是可敬的人,饱受磨难,却一路披荆斩棘、矢志不渝。

人物点评

　　粮食是国家的战略物资,是人民的生活必需品。黄跃武很早就意识到无农不稳,无粮则乱。为了缓解我国存在的粮食问题,黄跃武积极发动"膳食革命",用食草的海龙替代食粮食的猪,有力地缓解了我国粮食供求长期处于紧平衡状态的问题。

　　因为心怀苍生,善行天下,黄跃武常年励精图治,有望将"众一特养"打造成知名的民族品牌。

搭建守护家庭幸福的"不倒梯"

——访浙江崇华科技永康有限公司董事长黄崇华

　　黄崇华,浙江永康人,浙江崇华科技永康有限公司董事长。他致力于让全世界都能使用中国创造的安全、简单、方便的工具。他拥有多项发明专利及实用新型专利,其中最具代表性的产品是他设计发明的"不倒梯",其安全性和功能性超越国际标准,为世人搭起了守护安全的幸福阶梯。

　　梯子是人们工作和生活中必不可缺的工具,无论是家庭装修、仓储,还是广告、市政、消防等场合,都会看到梯子的身影。从"蜈蚣梯""单梯"到现在的"人字梯",随着时代的不断发展,梯子也在不断更新换代。但直到现在,真正安全的梯子并没有出现,目前市场上的梯子仍然存在安全隐患,依然可能随时从人类的"好帮手"变成威胁人身安全的"隐形杀手"。或许很多人没有留意过这个问题。有一个有心人,以一颗执着之心克服重重困难,发明设计了世界上第一款"不倒的梯子",他就是浙江崇华科技永康有限公司董事长黄崇华。

　　今天的黄崇华无疑是成功的,但在成功光环的背后,是他多年以来持之以恒的不放弃、对命运的不屈服和把苦难当财富的可贵精神所结出的硕果。唯有经历诸多苦难,才能懂得苦难赋予你的意义。对黄崇华来说,苦难是磨炼意志和力量的砺石。谁曾想到,当年那个吃百家饭长大的小男孩如今已成长为顶天立地的男子汉,不仅设计发明了不倒的梯子,更响应大众创业、万众创新的号召,创立了浙江崇华科技永康有限公司,实现了从一个打工仔到公司董事长的华丽蜕变。

吃百家饭长大的小男孩

每个孩子都希望有幸福的家庭，希望在父母的呵护下长大，但并非每个孩子都是幸运的，黄崇华便是不幸的一个。10 岁以前，他也有爸爸疼、妈妈爱，那是他童年记忆中最幸福的一段时光。然而，天有不测风云，他的人生从 10 岁那年开始一下子从云端跌到低谷，因为上天残忍地带走了他母亲年轻的生命。从此，他和当时 4 岁的弟弟成了没妈的可怜孩子。

黄崇华的母亲去世后，父亲在江西组建了新家庭，将他和弟弟留在了浙江老家，从此，兄弟俩相依为命。接连的打击，让黄崇华仿佛一下子长大了。他懂事地挑起了生活的重担，开始学习做饭、洗衣、做家务，照顾年幼的弟弟。

生活的磨难让他早熟，让他成长，同时也让他收获了满满的温暖，那就是来自亲戚和左邻右舍的关爱。他告诉记者，他和弟弟是吃百家饭长大的，在叔叔婶婶家、姑妈家、姥姥家都生活过，也经常得到左邻右舍的照顾。正因此，他从小对生活的苦难和不易有深刻的体会，同时深深地感激父老乡亲，立志长大要回报这份恩情。

一事引发，立志发明不倒梯

黄崇华吃过太多的苦，过早地经历了生活的磨难，但他从来没有怨天尤人。长大后的他，为了生存什么都干过，摆过地摊，打过工，做过装修，创过业……其中的酸甜苦辣只有他自己知道。后来，为了改变命运，他又不服输地加入了北漂大军，一个人到北京闯荡。在北京闯荡的那些年，凭借着勇敢追梦的勇气、吃苦耐劳的性格和独到的商业头脑，他从打工仔变成了生意人，做起了大型超市的供货商，给家乐福、沃尔玛等大型超市供货，日子越过越红火。

2013 年，黄崇华带着老婆孩子离开奋斗多年的北京，回到浙江永康老家，一边照顾 80 多岁高龄的姥爷，一边计划着在老家再次创业。

　　回到老家后,是什么原因促使黄崇华萌生了设计发明不倒梯的念头呢?

　　黄崇华告诉记者,他下定决心发明不倒梯是缘于一次事故。"有一次,姥爷家请的保姆在擦窗户外面的玻璃时,由于身体重心倾移,梯子倒了,结果把胳膊也摔断了。当时我就想,明明地面很平,梯子却倒了。梯子为什么会倒呢?"带着这样的疑惑,黄崇华认为,如果能把这个问题解决,就能避免更多的人摔倒,于是心里萌生了发明不倒梯的念头。

　　说干就干,有了这样的念头,黄崇华立马开始研究。"我认准的事就会坚持去做,有了目标有了动力就会去拼。"黄崇华朴实而坚定地说。因为是外行,所以,他边琢磨边学习,有困惑的地方就去请教专业技术人员。

损失一百多万,不倒梯问世

　　经历过无数次的失败后,黄崇华的不倒梯终于发明成功了。这款梯子,黄崇华利用三角形的稳定性,给梯子多方固定,两侧都有可伸缩调节的支撑腿,可根据需要调节长短和角度,同时在选材上使用了加厚的铝合金或不锈钢,从而提升了梯子的质量。当人爬上梯子时梯子不会晃动,即使站在梯子的顶端使劲摇晃,梯子也纹丝不动。

　　黄崇华说,这款梯子只是他的第一代不倒梯。他还介绍,2016年的时候,他投入生产了一大批不倒梯进入市场,但突然发现梯子有瑕疵:梯子在平地上使用,是名副其实的"不倒的梯子",但如果在山地、斜坡等特殊地形下使用,可能存在安全隐患。于是,他不顾其他股东反对和撤资的危险,销毁了所有第一代梯子,等于说第一批产品出来以后全部报废,损失了一百多万。黄崇华说:"任何影响到别人生命安全的事,我们都不能做,只能淘汰,也是为了以后我们的品牌形象。即使这款梯子在平地使用一点问题都没有,但万一人家扛到山上用呢?只要存在万分之一的安全隐患,我们就不能投入市场,因为在我们这里是万分之一,在别人那里就是百分之百。所以,我决定将梯子升级换代后投入市场。"

　　黄崇华邀请专家专门对梯子进行研究,最终找到了问题所在,发现是因为梯子多打了一个孔的原因。找到问题所在,事情就迎刃而解了。升级换代后的二代"不倒梯",属于全地形梯,适用于山地、河流、斜坡、坑洼等各种地形,其安全性和功能性都超越了国际标准,成了当之无愧的"不倒的梯子"。

这款"不倒的梯子",申请了国家专利,还被媒体大量宣传报道,更受到了使用者的纷纷好评。黄崇华希望这款梯子能随着"一带一路"走出国门,让全世界都用上安全的梯子。

对于未来的规划,黄崇华介绍,目前工作的重心是销售。公司将面向全国招商,线上线下体验式推广,未来的目标是到 2020 年公司上市。黄崇华告诉记者,除了发明"不倒的梯子",他还拥有多项发明专利及实用新型专利,他将致力于让全世界都能使用中国创造的安全、简单、方便的生活工作工具,让老百姓都能用上放心、安全的产品。同时,作为一个有责任心的企业家,为了回馈社会,黄崇华决定拿出销售额的 2% 设立助残公益基金,用自己的力量助力公益事业。

不管是从前还是现在,不管是贫穷还是富有,黄崇华始终不改初心,感恩生活赐予他的苦难,感恩所有帮助过他的父老乡亲,感恩现在拥有的一切……正是始终秉持这颗纯净之心,才有了"不倒的梯子"的发明,才有了毅然销毁价值一百多万元产品的决心,才有了助力公益事业的大爱之心。他为世人搭起了守护安全、守护家庭幸福的阶梯!

人物点评

不管是一栋房屋、一列火车、一条桥梁,还是一把梯子、一杯水、一碗米;跟大小无关,跟造价无关,但须足够坚固、足够安全、足够便利、足够营养,方能撑起我们的幸福生活。

"只要存在万分之一的安全隐患,我们就不能投入市场,因为在我们这里是万分之一,在别人那里就是百分之百。"黄崇华用这句话,向世人展现了一名企业家可贵的良心和诚信,而这些恰恰是当今社会急需的。

"草根"企业家的垮界创业传奇

——访山西晋泰饲料有限公司董事长郝德平

郝德平,1970年出生,山西省临县临泉镇柏树沟村人,山西晋泰饲料有限公司董事长。1994年涉足饲料和兽药销售行业,2003年成立山西晋泰饲料有限公司,2005年建成临县首家集餐饮、住宿、桑拿及会议于一体的商业服务中心和谐宾馆。2010年,成立占地1万平方米的临县晋泰汽贸有限公司。此外,还陆续涉足幼儿教育、电子商务等多个领域,多次荣获临县"优秀企业家""模范个人"称号。

诺贝尔经济学奖得主埃德蒙德·菲尔普斯曾提到:"如果大多数中国人,因为从事挑战性工作和创新事业获得成就感,而不是通过消费得到满足的话,结果一定会非常美好。"改革开放以来,越来越多的中国人加入了创新创业的队伍,他们活跃在科技、生态、文化等多个领域,在创造财富的过程中,更好地实现了精神追求和自身价值。"草根"创业者无疑是其中最亮丽的一道风景,他们以梦想为帆,以实干做桨,书写了新时期草根创业者的绚烂篇章。

山西临县就有这样一位农民企业家,他从零开始,勇闯创业路,用厚德与实干打牢创业根基;他紧跟时代潮流,大胆跨行,用睿智与创新验证了"一切皆有可能";他富不忘本,心系乡民,带领乡民共走致富路。他就是山西晋泰饲料有限公司的董事长郝德平。

从零开始　勇闯创业路

老子有言："图难于其易，为大于其细。天下难事，必作于易；天下大事，必作于细。"千里之行，始于足下。每一个或宏伟或细微的目标，若要实现，总要从眼下开始，从小处着手。而有志者总能一步一个脚印，无惧于眼前的艰难困苦，执着向前，最终摘得胜利的果实。郝德平就是这样一位执着的实干家。

1970 年，郝德平出生于山西省临县临泉镇柏树沟村。20 世纪七八十年代，临县是有名的贫困县，许多人不堪家乡贫困外出谋生。1986 年，初中毕业的郝德平也踏上了外出到太原务工的路。他当过煤矿工人、搬过砖，什么苦活累活都干过。然而，他没有在繁重的劳作中变得麻木，他依然保持着一颗敏锐的心，他不断学习，不断在庸常的生活中寻求商机。

一个偶然的机会，郝德平发现太原的鸡蛋比老家便宜得多，由此，郝德平接触到了养殖行业。这些鸡蛋从文水贩卖而来，文水县很多人在搞养殖。那时，改革开放还没有形成气候，农村的养殖业也还处于零散状态。但郝德平却凭着自己的商业敏感，坚定地认为在老家搞养殖业肯定有前景。缺乏启动资金、没有人手、不懂技术，这是 1989 年他从太原返回老家时所面临的境况。但郝德平没有退却。没有启动资金，就从走街串巷卖鸡蛋开始，三元五元的积攒；不懂技术，就多方请教禽畜防疫专家和有经验的养殖人员，一点一滴学起来；人手不够，就起早摸黑，争分夺秒地干。皇天不负有心人，1990 年，郝德平终于在亲友的帮助下，在临县办起了首家养殖场。从此，这个一开始仅有 500 余只鸡的养殖场便与郝德平结下了不解之缘，它承载着郝德平的人生希望，也开启了郝德平三十载的创业之旅。谈及创业时的艰辛，郝德平尤为淡然，"我就是一个农民，创业时什么都没有，也都不懂，遇到困难与阻碍是很正常的，我都有心理准备。"

经过几年的坎坷与艰辛，郝德平克服了资金、技术、人手等多方面的困难，养殖规模也从最初的几百只扩展到了几千只。郝德平说，养殖行业技术十分重要。为保证养殖出具有竞争力的禽畜产品,数十年来始终坚持强化员工对养殖技术的认识与了解。每年他都不定期邀请省内外专家为员工做防病治病的培训。对这些培训,无论他有多么忙碌,都争取前去参加,他说,"无论到了什么情况,我都需要继续学习,这样才能不被淘汰。"

　　而今,经过持续不断地培训,养殖场内的养殖人员和技术人员在思想观念和防治技术方面都有了根本性转变。员工的环保意识、质量意识、粪便处理等相关技术都得到了提升。郝德平甚为欣慰地说,"很多时候,疫病发生,并不是天灾,而是人祸。应该采用科学的方法,以防为主,防患于未然。这几年,他的养殖场很少发生疫情,正是大家意识增强、技术过硬的结果。"

　　郝德平涉足养殖领域创业取得成功,不少人也开始争相效仿。然而,郝德平的脚步却从未止步于此。1994年前后,随着他养殖规模的不断扩大,市场竞争也逐渐激烈,出现了竞相压价的趋势,面对这种局面,郝德平开始将目光转向了别处。

大胆跨行　开辟新领域

　　1994年前后,蛋鸡养殖日渐进入红海市场,郝德平将目光转向与其相关联的领域。他发现,养殖户越来越多,与其相配套的饲料行业却处于匮乏状态。这不正是商机所在吗?1994年,郝德平开始涉足饲料代理商领域,为临县大大小小几十家养殖场供应饲料,并很快成为临县顶尖的饲料供应商。

　　同时,他拿出当初开办养殖场时的那股不服输的劲儿,持续加强对饲料加工技术的学习,不久,即开始涉足饲料生产领域。2000年,他和同行一起在晋中组建了山西万里饲料有限公司,开始生产饲料;2003年,郝德平与合伙人又在临县成立了山西晋泰饲料有限公司,正式进入饲料生产行业。2005年,郝德平又创建了200头规模的优质种猪场。这不可不谓是"郝德平式速度"。

　　然而,郝德平并未满足当前现状,2000年前后,随着汽车、房产、互联网行业的兴起,郝德平相继成立了临县和谐宾馆、临县晋泰汽贸有限公司、临县体育休闲会馆以及临县电子商务园区,并加盟了北京红缨教育集团,创办了两家高端幼儿园。这一系列产业在临县都具有标志性意义,其中,和谐宾馆是临县首家集餐饮、住宿、桑拿及会议于一体的商业服务中心,占地达 1.5 万平方米;临县晋泰汽贸有限公司已成为集销售、售后、救援、轿车装潢、二手车交易、平安保险代理为一体的大型公司;而临县电子商务园区更是成为"农产品进城""互联网 + 农产品"以及跨境电商模式的重要阵地,是临县县委县政府的重点关注对象。

谈及跨领域创业,郝德平有自己的心得,他说,"自己现在整的这些摊子,都还在发展过程当中。其实,看起来跨领域跨得很大,但道理都是相通的。我以为最重要的有两点:一是要了解政府的相关政策,把握好方向;二是要跟真正懂得这个行业的人一起干,无论做什么,选人很重要。"2011 年,郝德平创办了晋泰联盟养殖协会,该协会主要由技术人员和养殖人员组成,为研究养殖技术和保障养殖产品的质量提供保障。2013 年,郝德平加盟北京红缨教育集团,创办晋泰幼儿园,他为此专门邀请熟悉教育行业的专家、教师,以确保教育教学质量。每一次跨领域投资创业,郝德平都十分明晰自身的方向并充满信心。他对自己所投资的这几个领域都比较看好,尤其是电子商务、农业和幼儿教育。他密切关注国家大政方针政策以及行业发展趋势,他相信,这些行业将在未来迸发出更大的潜力。同时,郝德平还指出,自己企业的另一优势是诚信,诚信是经商立命之本。经营企业要守信用,眼光要长远,所谓人无远虑必有近忧。坚持诚信立业,保障产品质量,也是自身系列产业的一大优势。

尽管他的事业取得了非凡的成就,但郝德平仍然保持着谦虚朴实的心态与作风。他表示,他只是一个"土工匠",距离习主席倡导的"工匠精神"仍有一定的距离。自己也还算不上一个企业家,只是十分幸运,生在一个有好政策、好机会的时代,抓住机会踏实干,就走到了今天。

自始至终,郝德平的话语中都透露出一种难得的质朴与坦诚,他没有为三十载跨行创业的风雨所阻挠,更没有为今日多领域创业,收获无数名利而迷茫。他依然躬身前行,走在诚信创业、带领一方乡民致富增收的道路上。

泽被乡梓　带领乡民走致富路

历经三十载创业风雨，从最初的养殖场到今日的临县电子商务园区，郝德平已成为临县数一数二的经济人物。他不仅在创业领域为乡民们树立了榜样，还广开渠道，为百姓安居乐业、致富增收提供机会。

郝德平说，"习近平主席提出了'中国梦'，我的梦想没有多伟大，只是想既然做一件事，就尽力把一件事情做好。同时，也尽己所能地帮助乡民们解决就业问题，帮助乡民们安居乐业。"为此，除养殖场和饲料厂吸收了大量乡民就业以外，2011年，郝德平依托村里的优势，向山西省司法协会提出申请，在村里建立了一个临县"刑释解教就业安置基地"，帮助刑满释放人员解决就业难题。目前，基地已安置300多刑满释放人员就业。郝德平说，他十分清楚地知道，这些刑满释放人员多数都干不长久，很多都只干一年半载就离开了。但吸收这些人就业，能为这些人提供一个住宿、餐饮保障，为其进一步谋划人生出路提供一个缓冲的机会，也有利于临县的安全稳定。

此外，为提升临县当地百姓的生活质量，2012年，郝德平积极响应国家号召，应当地百姓需求，与合伙人投资建成临县晋泰移民新村，安置了500余户2000多人；郝德平还在临县修建了体育休闲馆，内设游泳馆，成为当地民众休闲娱乐的好去处。而郝德平紧跟时代潮流，在电商及幼儿教育领域的探索也不可不谓用心良苦。郝德平说，实体经济要与互联网接轨，才能走得更远。临县百姓搞养殖、种植都必须紧跟电商的步伐才能有出路。国家也十分重视教育，英语必须得从娃娃抓起。英语学得好，以后才不吃亏。

对教育与新事物的重视，也体现在他对年轻人所寄予的殷切期望之中。郝德平表示，他已将培养接班人列入计划。他说，"现在很多年轻人还缺乏吃苦耐劳、敢拼敢闯的精神。大部分年轻人不愿从事技术活，只喜欢轻松的活。习主席提倡的'工匠精神'，需要踏实、细致地去干。要有钻研精神与务实精神，认认真真地学好技术，才能担负起建设祖国的重担。"

谈及对未来行业发展趋势，郝德平显得胸有成竹。他说，国家提倡新发展理念，将发展经济的着力点放在实体经济上。因而,实体经济仍然是未来的重要发展方向。然而,新形势下的实体经济已经有很大不同,实体经济需要与互联网接轨,才能走得更远。未来搞实体经济,不但要关注技术及产品,还要依托互联网的优势,拓宽宣传和销售渠道。

郝德平说,在未来三至五年的时间里,将继续把现有企业健康经营下去,做得更好。同时,选拔培养出接班人。在养殖和饲料加工领域,做到大趋势要平衡,加大科研力度和研发团队建设,保障品质,沿着绿色、环保、安全方向发展;在互联网电商领域,继续深化"互联网+",利用电商为乡民致富增收创造便利;而在幼儿教育领域,还将继续深入探索,让祖国花朵健康茁壮成长。

三十载风雨打拼,郝德平从一个农村小伙成长为多家企业的董事长、合伙人,而他却始终说,"我就是一个农民而已"。厚德长平,晋泰之光。我们相信,在未来,郝德平一定能够带领他的团队在发展经济与回馈乡民的路上走得更远。

(付 金)

以小博大,打造设计行业里的轻骑兵

——访义乌市舵盘广告有限公司总经理窦强

窦强,2005毕业于辽宁省沈阳工业大学工业设计专业,随即进入设计行业,2007年走上创业之路,创办义乌市舵盘广告有限公司,他勤奋务实,志存高远,致力于打造精而美的创意设计公司。

在创业大潮汹涌而来之时,有这样一种创业模式受到了国家的鼓励和创业者的欢迎,这就是小巧、精致且美好的"轻创业"模式,窦强便是这种创业模式的推崇者。它的舵盘广告有限公司很小——员工不过十人;非常精致——产品和服务精益求精到无可替代;创业结果非常美好——获得了丰厚的回报。

作为创业大军里的一支轻骑兵,舵盘广告有限公司一经成立就以精致的作品和灵活的经营方式轻松杀出一条血路,在短短十年的运营中迅速在市场中站稳脚跟。

自己的路,自己去选才是最好的

窦强从小就是一个不一般的人,他自己这么说:"我的想法非常多,我觉得我比我的同学都聪明。"这是狂妄之言吗?事实证明,并不是。

首先,他知道自己要什么。他从小就喜欢画画,但他的梦想不是成为梵高那样的画家,作品虽好却曲高和寡。而是让自己的作品与现实产生碰撞,与更多的人产生情感链接。于是在填报大学志愿时,他没有选择有中国四大美院之称的鲁迅美术学院,而是选择了一家工科院校。让自己的作品出现在千千万万个产品上,走进千家万户,这才是他的理想。18 岁的窦强,对自己的未来就有了这样的清晰的认知,可谓不一般。

其次,他知道自己要做什么。大学毕业后,在设计公司里干得顺风顺水,短短两年间就从上市企业品牌策划专员做到业务经理,可他偏偏要辞掉工作。因为他想做的事情是能够沉浸在灵感的迸发和将灵感照进作品的喜悦中,而不仅仅是游走在创作和设计的边缘。工作如不能很好地发挥和体现他的设计师思维,就与他的初衷相距甚远。于是 2007 年,他毅然辞职创办自己的公司——舵盘广告有限公司。在顺境时没有随波逐流,而是遵循内心的声音,勇于改变和挑战,去做自己最想做的事情,可谓不一般。

这两个不一般建立在窦强是一个有理想的人之上,理想给了他清晰的方向和定位,就如他的公司名称——"舵盘"一样,要能够随时掌控自己的方向,不偏离目标。经营人生时他是这么做的,经营公司时更要如此。

就像窦强常说的那句话:自己的路,自己去选才是最好的。哪怕路上有很多困难,但因为是自己选择的,就不会后悔,更不会却步。公司刚刚成立时,资金紧张,缺乏人脉,没有业务,偏偏合伙人又撤资,理想和现实之间的落差也曾让他几欲动摇。每天清晨醒来时,每天晚上入睡前,他想的都是公司的场租、员工的工资、明天的订单。有那么一次,他几乎要关掉公司的大门了,突然客户上门了,一个订单救了公司,确切地说,是把他从失望的边缘拉了回来,让他又有了继续打拼的信心。

道路虽坎坷,窦强执著要走这条路,因为他坚信:自己选择的,就是最好的。

认真做自己,做到无可替代

不一般的人或许会遇到不一般的坎坷,但也会有不一般的收获,但首先你要做的是不一般的付出。对窦强来说,他很清楚,要想公司运营得好,首先要有不一般的经营模式和产品,窦强选择的是"以小博大,以精致胜"。

　　为什么要选择"以小博大"？和窦强本人有关。首先他不太喜欢公司人太多，这意味着他不需要把过多的精力用在管人方面。其次他做设计出身，擅长设计，却不是很擅长管理，且不擅言谈。所以他对公司的定位是不做大公司，十人以下的小公司就很好。小公司投资少，易管理，转向灵活，经营好了，收益也会不错。这样的公司经营起来会相对轻松一些。事实证明，他的选择是对的，十年期间，公司发展一直相对顺利，或许这正和公司小、管理灵活有关。

　　以小博大，靠什么博？自然是出精品，精益求精，以精取胜。做设计的，少不了工匠精神，心无旁骛地工作，全身心灌注在作品上，一遍一遍打磨。这是一个自己和自己较真的过程，在作品提交之前，不断否定自己，推倒重来，直到自己认为完美了为止。完美的标准是什么？哪怕在上面加一笔或者删一笔都会破坏它的完美。这种对完美近乎偏执的追求，使作品真正做到了"无可替代"。

　　除了精益求精，还需不断创新，做设计玩的是创意而不是模仿。但创新不是凭空造物，而是在成熟的市场案例里寻找新的启发点，为此窦强努力学习这个行业里每一个精彩绝伦的案例，然后用新的灵感和想法去体现。多年下来，他对这其中的流程和经验已驾轻就熟。创新使他的作品脱颖而出。

　　对于设计，窦强是自信的。但这种自信也很容易陷入孤芳自赏，如果把握自我欣赏和市场共赏之间的关系呢？对此，窦强是这么说的：我们做的是商业设计，而不是艺术设计，也不是概念设计，这一点我很清楚。我们不会追求纯文艺范儿，我们的作品不能脱离现实，让老百姓不明白。所以我们有理性的判断，它必须符合受众的逻辑，必须符合市场和客户的需求，在五年之内都可以很好的应用。但在市场接受的范围内，它又是高端的，可以得到最大化的转化。这是客户最想要的效果，也是我们追求的目标。从客户的反馈看，这一点我们做得不错。

　　产品得到了客户的信任，但如何让更多的人知道？窦强说：我们很少宣传，唯一的宣传手段就是口碑，尽力服务好每一个客户，设计好每一个作品，靠客户带动其他客户，我认为，这是最好的宣传。因为我们的产品足够好，所以我们连业务员都不需要，但我们的业务从来就没有断过。有些公司非常重视宣传，每天派出十几个业务员去宣传,去拉客户,这完全是把设计当生意来做,我不喜欢这么做。

口碑宣传,没有业务员,所以节省了大量成本,也使团队的工作效率得到提高。在这个团队里,每个人都很重要,他们的才华和能力可以在最合适的位置得到最大程度的展现。窦强和团队成员之间,不像老板和下属,更像一群有共同使命的人为共同的梦想在努力。

在具体的工作方面,窦强主要把握方向和把控质量,设计前端的创意和后段作品的把控由他来负责,而中间的过程全部交给其他设计师去作,这样操作工作效率非常高,而作品的完美度也能够得到有效地把控。

2013 年,窦强为公司的业务设立了一个门槛——万元以外的订单不接。为什么要这么做,大虾小虾不都是虾吗?对此,窦强是这么看的:公司刚刚成立时,鉴于实力,也迫于生存和发展的需要,大小业务都得做。但随着公司的发展,就不能大小通吃了。因为十个小单和一个大单从收入上来说是差不多的,但花费的时间和精力却不一样。小单接得太多,就没有办法把主要精力放在一些想做的案例上。公司要发展,定位就要提升,专注于服务高端客户,去为真正具有品牌意识和尊重设计创作的客户服务,不但能提升公司的档次,增加公司的收益,也可以使员工更有动力。当然,这也是因为我们在行业里有了一定的实力和知名度才可以做到。

总之,窦强和他的团队专注于作品的打磨上,专注于高端客户的服务上,其他的事情对他们来说都是一种干扰,他们也凭着这种专注做到了无可代替。当你无可替代时,客户也就自动上门了,市场也就自然而然有了你的一席之地。

轻易别走这条路,但走了就不要后悔

十年发展,义乌市舵盘广告有限公司从摸索前行到在市场上站稳脚跟,成绩是显而易见的。但窦强却说,创业还是不容易的,成绩背后是日复一日的辛苦工作和强大压力,这些压力不是谁都能承受的。对于年轻的创业者,窦强对他们的忠告是:多一些踏实,少一些浮躁;多一些坚持,少一些懈怠;多一些务实,少一些夸夸其谈。

对于那些还未创业的年轻人,窦强希望他们要把现在的工作当成自己的事情去做,这是为未来铺路。对于准备创业或已经创业的人,窦强最大的忠告是:轻易别走这条路,但走了就不要后悔。意思是说,要对创业过程中的困难和风险有所准备,但一旦走上创业之路就不要后悔,更不能轻易放弃,因为放弃意味着失去更多,而坚持则能让你看到曙光。窦强的成功就在于坚持,在于他在创业的过程中总是少说多做,靠实力不靠忽悠。

而行业中有些人是靠忽悠的,他们不是踏踏实实专注作品,而是喜欢扎个小辫穿个中山装四处侃侃而谈,作品却全靠抄袭,这是窦强不喜欢也不屑去做的事情,他只想兢兢业业去做事情,靠实力赢得客户的认可。

不但做事情实在,窦强做人更是诚实。有一次他回辽阳老家看父母,看到地上有一个手包,打开一看,里面有1万余元现金、一张驾驶证和两张银行卡。1万余元可不是小数目,而且,钱丢了心疼,证丢了麻烦,失主该有着急啊。窦强没有犹豫,立刻把手包交到了派出所,派出所联系到了失主徐女士。因窦强急着回义乌工作,于是叮嘱自己的父母把钱物交还到徐女士手上。当徐女士拿到手包并看到钱物分文不少时,她激动不已,当即拿出2000元给窦强的父母表示感谢,窦强的父母谢绝了。徐女士又联系到远在义乌的窦强,通过微信转给他888元,窦强再次谢绝。徐女士过意不去,于是联系到《北方晨报》,通过报纸的报道对窦强表达了自己的感谢,并祝福他"好人一生平安!"

人们常说,做事先做人,做人正直者,做事不会差。窦强对一个和他毫无利益关系的陌生人都能做到如此诚实,何况对他的客户呢?所以,他这种诚实、真诚、实在的做人和做事风格,成为他公司发展的强大助力,也成为他公司的软实力。

有了强大的实力,窦强也就有了扩张的勇气和信心,未来三到五年,他觉得公司面临的最大挑战是扩张问题,未来会在杭州建立分公司,义乌毕竟是四线城市,而杭州的城市潜力更大一些,会有更多的人才和机会,会接触更多的同行。而且窦强已经在杭州落户,家也迁到了杭州,所以以后的工作和生活重心都会在杭州。公司起步阶段已经完成,如何把它做得更大更强,是未来三到五年的目标。

对设计行业的发展,窦强很有信心,他相信这个行业会越来越好,以前义务的一些小企业多是以粗放加工为主,以外贸加工为主,品牌对他们来说无所谓,但随着大环境的转变,他们也开始注重品牌,整个行业在创意、视觉、文案等方面都会越来越重视,行业氛围会越来越好。

市场在不断变化,窦强和他的公司又有哪些应对措施呢? 窦强说他的应对措施之一就是不断学习,他会经常会到国外、国内的一些大城市走走看看,多接触一些好的设计。公司的员工也一样,也要不断地培训和学习。措施之二是要懂得灵活转变。设计行业虽然门槛不高,一个人一台电脑就可以创业,但要做好却不容易。在遇到困难的时候除了坚持,还要懂得如何去转变。比如他们刚开始的时候做品牌设计、工业设计,遇到瓶颈时候就转变为商业设计。顺应市场的需求不断变化,才能应对千变万化的市场。

工作的压力这么大,窦强是如何释放压力的呢? 窦强说,他的减压之道就是踢足球,每周踢两次足球,在球场上酣畅淋漓地出出汗,是最好的放松方式。

十年奋斗,已从青葱岁月走到而立之年,窦强收获的不仅仅是岁月,更是设计上的成熟,创业路上的经验和对生活的领悟。青春虽已不再,但精神不歇,对于设计那颗热忱的"工匠之心"更是永远不会改变。

良匠之心　恒久远

——访成都茗门良匠茶业公司总经理陈韵竹

陈韵竹,重庆江津人,祖孙三代都以茶为生,自幼喜欢茶。后受六代茶人世家李自光先生亲自指导,揽古筝、书法、茶艺于一身,为我国最年轻的民间艺术大师,成都竹之韵茶文化中心总经理。因对茶文化的喜爱,2015年,成立成都茗门良将茶业公司,并出任总经理,专注手工制茶,希望能给世人带来最天然纯粹的茶叶。

坎坷经历,以茶为伴

陈韵竹祖籍重庆江津,六岁时举家搬迁到成都。爷爷是江津一家国营茶厂的厂长,对茶甚是热爱,倾注了很多的心血和热情,也潜移默化地影响了她的父亲。父亲成年后,子承父业,同样从事了和茶相关的工作,成为当时五块石市场最早的一批茶叶批发、零售商。然而天有不测风云,陈韵竹14岁这年,一场突如其来的车祸,使父亲落下了残疾,全家的重担落在了母亲身上,陈韵竹不忍心母亲一人照顾整个家庭,便开始循着爷爷和父亲的茶路,正式开始了她的茶叶人生。

初入茶门的陈韵竹,年纪虽小但很有韧劲,频繁往来峨眉—马边一线,学会了与茶农、茶商打交道。凭着爷爷和父亲多年灌输的茶叶知识和自己平时的耳濡目染,她对茶叶的认知也越来越多,对茶的产地、种类、味道及口感也有了愈来愈深的理解。但她并不止步与此,心中对茶的热忱和喜爱驱使着她在茶业路上不断前进。为了了解茶的全部,她进入专业的茶艺的学校,深入系统地学习茶艺知识。她的悟性和刻苦使她的茶艺日渐精进,她的努力也回馈了她一系列荣誉。

2003 年,因良好的表现,陈韵竹成为竹叶青茶业有限公司第一专营店琴台店店长,掌管店内所有的事务。2005 年 9 月,她协助成立了四川悟之道集团,并成为悟之道茶文化店首席店长。2006 年,因表现优异,她被选为悟之道公司"千年老白芽、悟之道黄金档、悟之道翡翠档"三大主推顶尖绿茶产品的推广代言人。至此,陈韵竹在茶界已经小有名气。因为对茶文化的崇尚,她决定成立成都金刚石茶文化传播中心。2008 年,她将公司正式更名为成都竹之韵茶文化中心。公司的经营规模逐渐扩大,在 2009 年销售额就已达数千万。这些成就不仅见证着陈韵竹的成长,还见证着她对茶的由衷热爱。

经年的努力也让陈韵竹在茶界逐渐累积下了盛名,她曾六次代表中国茶文化出访列国。2010 年春节期间,受外事办邀请,陈韵竹参加了新加坡文化大使活动。她将中国的茶文化和成都特色的盖碗茶艺铜壶表演带到了新加坡,得到了极大的欢迎。历年来,她还亲自接待过国家政治局、建设部、交通部、文化部、中央军委、全国对外友协、外交部等相关团体和领导。多年的钻研和感悟,陈韵竹形成了她独特的艺术风格。致力于传递成都茶文化,她教授出了六大类各种形式的茶艺师,学员们也纷纷斩获各项大奖。

茗门良匠,用心做茶

陈韵竹自幼喜欢读书,特别是有关茶的书籍,她更是热爱的不得了。陈韵竹对中国的传统文化也甚是喜欢,特别是宋朝将文化融于生活的风雅。宋朝四雅事"插花、挂画、闻香、品茶"是她最大的爱好,当然,品茶为首。她深有所感地说:"当你屏气凝神,忘掉世俗一切,缓缓均匀地从壶中倒出一杯好茶,人的涵养、性情、闲情逸致都充分地体现出来。"她始终记得一段关于茶的比喻和描述:当少了这片叶子时,人就蔫头搭脑,整个人就"苶"了;当有了这片叶子"茶"时,整个人就变得精神、兴奋起来;再多一片叶子"茶"，就知道"神农尝百草，日遇七十二毒，用茶解毒"的故事。这让她对茶又多了几分敬畏。受益于传统茶文化带来的陶冶，已为人母的陈韵竹也将自己三岁的小女儿送进了附近的国学馆，让她从小开始学习中国的传统文化。她对茶的探究，也进入了新的境界。

身为经销商时，为了让客户喝上优质放心茶，陈韵竹经常亲自深入源头走访产区进行调查。在一次调查中，她发现不少茶农和茶企业急功近利，为增加产量频繁使用除草剂、杀虫剂等化学用品，导致茶山附近的水沟到处充斥农药袋，阵阵臭气难闻。这让视茶叶为生命的她感到痛心疾首，当即就有了重大的决定：一定要让茶友们喝上纯粹的放心茶！

位于青城山的茗门良匠茶园

陈韵竹一向都是一个有魄力的人，2015 年，她说服家人抵押了自己的房子，用抵押房款在青城山承包了 9 个山头共 1100 亩茶园。一个专注"自然纯粹"的品牌"茗门良匠"便由此诞生了。她认为，做茶就是做良心，客户是我们服务的"上帝"，孕育茶树的土地是我们的父母，茶树是我们的孩子，茶人一定要对每一片土地怀有感恩之情，并爱护每一片茶叶。她在茗门良匠制定的准则就是所有的员工必须遵循"把茶园当父母，充满感恩之情；把茶当成儿女，用心呵护；恪守诚信，茶叶出去时有牵挂"。

茶叶出去时有牵挂

践行这一准则，陈韵竹严格禁止一切可能污染茶山的化学药物进入茶山，采用自然农法。她坚持不用除草剂，杂草都由手工拔除，也不用杀虫剂，茶山每隔十来米，将红糖、白酒和醋的混合液装入塑料袋吸引飞蛾自投罗网。以植养茶，破碎蚕豆制成有机肥并种植蚕豆增加土壤中的氮肥。此外，为了延续和还原传统制茶工艺，"茗门良匠"采用全手工制茶。她认为，手工茶更有生命力、有灵魂，能让人在品茗落口的瞬间感受到茶汤的神韵与灵动。

正是这些看似费时费力的坚持,使茗门良匠的茶叶保留了天然的原汁原味,让人能安心品味每一口的留香。虽然产量不太理想,1100 亩茶园 2016 年仅产绿茶、白茶和红茶共 7000 多公斤,但看到出品的茶顺利通过严苛的国际 SGS 认证,能让爱茶人喝上了放心茶,就实现了陈韵竹创建茗门良匠的初衷。好的质量总会带来好的口碑,茗门良匠的手工茶,常常出现供不应求的现象。她也由衷希望相关政府部门,对茶叶施加化学用品的做法能够有所管制,不能只要产量不要质量,要让更多的爱茶人能够喝到放心茶。

造福茶农,与时俱进

从 2015 年成立至今,成都茗门良匠茶业有限公司的固定员工目前发展至 40 多人,在茶叶采摘期,这个人数是远远不够的。陈韵竹便鼓励茶园附近的居民来帮忙采摘茶叶并付以薪资,这让很多原本外出务工的居民得以回到家乡。陈韵竹的做法,很大程度地造福了附近的居民,让家庭团圆,减少了留守儿童和老人的现象,被村民亲切地称为"青城山的仙子"。

茗门良匠核心团队

针对目前的营业模式,陈韵竹准备启动茶园外包的方式来鼓励更多客户来青城山养茶,这样既能让客户体会到养茶的乐趣,还能够让客户获得更多优质服务。另外,针对目前只在成都有茶叶实体店的不足,陈韵竹打算在 2018 年的 6 月在北京和上海开两家实体店,让更多的人能够品尝到茗门良匠的天然手工茶叶。在实体店内,陈韵竹也会开发一系列的茶膳食,来满足客户的不同需求。陈韵竹还准备在青城山脚下投入 7000 万元,打造一个茶主题文化园:园内将分为 7 个展区,分别关于茶的生产、检验、品茗园、书院、制茶培训、餐饮中心和民宿。值得一提的是,园区的布局,在空中俯瞰是一个巨大的"茶"字,正好迎合茶文化主题。开发茶主题文化园,不仅能够增强大家对中国传统文化的重视,还可促进青城山旅游业发展,更能够带动当地百姓创业致富,这无疑是一个双赢的决策。

时代在发展,各行各业也都在发展,互联网的兴起,使传统行业都开始走向线上销售这块。陈韵竹表示,茗门良匠茶业公司也会与时俱进,与互联网共同发展,并逐步发展线上销售这块,让更多的人能够了解到茗门良匠的自然茶理念。纵观国内市场,尽管有很多茶叶品牌,但却没有一个能够走出国门,成为中国的标志。陈韵竹深谙中国茶市场的这个诟病,在未来的时间里,她会一直为这个目标奋斗,致力于将茗门良匠的品牌打响,成为能够代表中国的茶叶品牌标志。

用心"手"护中国茶品牌

未来的茶市场,还有很大的挑战,陈韵竹深知面对这些挑战需要的努力和付出,但她不会放弃,更不会气馁,她会勇敢地一路前行。让我们一起来期待陈韵竹的成功,相信她通过自己的努力一定能够实现自己的目标。

扫平坎坷　永不言弃

——访北京灿烂辉煌农业科技发展有限公司创始人陈广娥

> 陈广娥,女,1958 年 2 月出生,河北省乐亭县王滩镇王各庄村人,北京灿烂辉煌农业科技发展有限公司创始人。先后成立北京灿烂辉煌农业科技发展有限公司与北京中天博纳国际文化传播有限公司。作为医界圣手,潜心研制出医疗保健效果卓越的桑叶茶与胭脂米,作为正能量传递者,拍摄弘扬民族精神的电影《李大钊》,修复佛教圣地华严寺。

悬壶济世医苍生,妙手回春解疾疼。陈广娥从医并非偶然,幼年时便经常翻看家中的中医书籍,偷看外祖父治病。长大后她仍然不忘幼时梦想,坚持中医学习,高中毕业后进入唐山市中医函授学校求学,学习两年拿到毕业证书,从此正式走上悬丝切脉的人生道路,并于 1996 年在唐山海港开发区开办博爱诊所。

从医多年的陈广娥对养生有一番独到见解,她为发展养生鸡蛋创办了北京灿烂辉煌农业科技发展有限公司,后又研制出养生功效显著的桑叶茶与胭脂米,获得社会广泛认可。

在中国共产党成立一百周年之际,陈广娥与人合作拍摄关于同为乐亭老乡的李大钊同志的电影作为献礼,誓将大钊精神传承并弘扬开来,以社会主义建设的新成就告慰先烈。在筹备拍摄电影的同时,还组织修复李大钊家乡的华严寺,为文物保护奔走出力,做出了贡献。

陈广娥对从事的工作均投入百分百的热情,无论中间遇到什么艰难险阻,她都不言退缩,及时调整方向继续前行,正是这样的精神支撑着她创造人生的精彩。

医者父母心

　　医生是一个需要终生学习的职业,陈广娥从学校毕业后继续学习医学知识充实自己,并不断总结临床实践经验,精湛的医术愈加精进。再加上她对待病人体贴入微,逐渐在业界形成良好的口碑,有许多患者慕名而来。

　　曾经有一位罹患不治之症的病人辗转多家医院均没有得到有效医治,后经朋友介绍找到陈广娥求治。陈广娥接诊后,采取针灸与中药相结合双管齐下的治疗方式,为了方便观察病情,陈广娥决定和病人住在一个房间日夜监护。因病人的家属也从事医疗行业,家事公事两头转,忙得焦头烂额,陈广娥看在眼里,便主动带领诊所员工及自己家属承担起护理病人的工作,让病人家属能安心回到岗位工作,减轻家属的负担。经过四个月的昼夜治疗,患者终于转危为安,她又挽救了一条生命。

　　医生与患者之间的关系很奇妙,有时并非单向治疗。在陈广娥创办公司最终失败后,曾经有位患者来找她求医,建议情绪低落的陈广娥带着他一起去采药,同时还能调节心情。陈广娥答应了患者的请求,在野外空旷的环境里忘却了眼前的不如意,终于驱散心中的雾霾。

　　医生可以说是世界上最累、最需要全身心投入的工作之一。由于昼夜操劳,生活作息不规律,陈广娥的头发大把大把地掉落。有人为此打趣她,治好病人的时候也该下岗了,陈广娥立马反驳,医生是一生的职业,怎么可能会下岗!

坎坷创业路

　　陈广娥在从医之余萌生出利用医学知识研制养生产品的想法。2008 年,她在北京市平谷区夏各庄镇大岭后村注册成立了北京灿烂辉煌农业科技发展有限公司,公司主要经营养生鸡蛋,聘请中国农业科学院黄仁教授为公司顾问。公司前期在评估认定上投入大笔资金,在各项指标均经认可后终于获得了专家评审通过。陈广娥满腔热情地准备在养生鸡蛋上干出一番业绩。

养生鸡蛋顾名思义,主打医疗养生的功效。据陈广娥介绍,为了保证鸡蛋的养生功效,鸡场里的鸡全部采用中药喂养的方式,保证每个环节都严格按照持绿色环保的理念生产。生产出的鸡蛋得到社会大众的认可,大量订单纷涌而至。

因生产经营的需要,需要大笔资金用于公司运转。陈广娥想获得国家的财政补贴,毕竟中小企业的生存本就困难,公司的前期资金也已消耗殆尽,还欠了几十万外债。如果没有国家的支持,公司很难存续。因为种种原因,直到2010年底陈广娥还是没有拿到国家的财政补贴。陈广娥就这样创业失败了,灰头土脸地回到了家。

研究养生忙

陈广娥回家后重拾老本行,用针灸技术挣钱还债。此外,她潜心研究《本草纲目》《神农本草经》等中医书籍,根据祖传方子,炒出桑叶茶,研制出胭脂米。

桑叶在《本草纲目》中记载:"桑箕星之精神也,蝉食之称文章,人食之老翁为小童。"桑叶茶采用《本草纲目》中记载的中医药物,根据清朝的方子配制而成。对治疗糖尿病、肝炎,预防初期癌症等都有良好效果,对各个年龄段的人群也有保健功效。桑叶茶从采制、研制、炮制、炒制都采用独特的方法,用开水冲泡,清澈明亮,清香甘甜,鲜醇爽口,常饮此茶能促进新陈代谢,消除疲劳,养生保健的同时还能补充元气。

2017年在银川举办的"2017年中国—阿拉伯国家博览会"上,陈广娥的桑叶茶受到广大与会者的一致好评,有关部门并为陈广娥颁发牌匾。桑叶茶在国际上崭露头角大获成功,极大鼓舞了陈广娥将桑叶茶推向世界的信心。

除了桑叶茶,陈广娥还研究制作出营养价值丰富的胭脂米。胭脂米号称养生米,据《本草纲目》记载,胭脂米能愈合伤口,多用于战场,还可预防癌症,治疗脾胃病症。陈广娥首次发现胭脂米的养生功效后,依据《神农本草经》《本草纲目》中的记载,自己摸索制作的方法。陈广娥前期存储大量原生态稻谷用于制作胭脂米,村民均表示不理解。陈广娥在一片质疑声中始终坚持自己的想法,等胭脂米刚做出来的时候,很多人都以为是变质食物,但胭脂米正是因为储存多年,在日月穿梭中吸收了大量有机物,才有药用价值。胭脂米开仓后,经专业机构测验发现胭脂米中含有丰富的营养成分,堪称"中国第一陈粮米"。

传递正能量

2011年夏天,陈广娥去河南给朋友治病时,一个偶然的机会结识了亚细亚文化传播公司负责人徐力,当徐力得知陈广娥是河北省乐亭县人时,想到李大钊和陈广娥是乐亭老乡,便建议把李大钊的事迹搬上大荧幕,拍成电影,把大钊精神传承下去,为中国共产党成立一百周年献礼。陈广娥欣然接受这个提议,和徐力商谈谋划了一个通宵,最终拍板决定拍摄电影,将大钊精神推向银幕,向社会传递正能量。

陈广娥回到乐亭县后,立即着手联系胡坨镇政府和大黑坨村,说明弘扬大钊精神以及拍摄关于李大钊的电影的想法后,得到了当时胡坨镇党委书记翟新东和村支部书记潘金钟的大力支持。陈广娥为了对大钊精神加深体会,亲自到李大钊去过的地方实地考察,并把自己的感想和对电影的想法记下来。因大量书写需要足够的纸张,当地学校主动提供给陈广娥二次用纸,为陈广娥大大节约了开支,保证她日常书写所需。

在考察和筹备电影的期间,陈广娥不忘为深受疾病困扰的百姓治病,认真核实病人的药方。为了使一天的工作更有效率,她坚持凌晨两三点起床将一整天要做的事情列好计划。虽然睡眠时间严重不足,但对陈广娥来说没有太大影响,长年在医院上班,每天都必须为每位病人写病历,判断病人的病情。这已经是她常年累月的习惯,不论身处何地都要对自己的病人负责。

2013年11月,经徐力介绍,陈广娥请到了孙铁导演撰写剧本。陈广娥为了拍《李大钊》电影,于2014年注册了北京中天博纳国际文化传播有限公司。

在两年多的时间里,孙铁导演夜以继日地工作,晚上翻看大量文献资料,白天到李大钊故居、李大钊纪念馆搜集资料,亲自到昌黎碣石山实地考察李大钊避难地——五峰山,在大黑坨村及附近村庄实地了解李大钊事迹。通过实地考察,孙铁导演惊喜地发现：在乐亭县有一大批"大钊迷"，他们自编了许许多多歌颂李大钊的歌曲，自发组织表演李大钊的节目，许多人家里供奉着李大钊同志的遗像。当老百姓听说要拍摄关于李大钊的电影时，纷纷自发奉献珍藏的资料、道具，有的人还积极报名群众演员。

李大钊家人也大力支持《李大钊》电影的拍摄。2015年8月，李大钊的孙子李宏塔夫妇和孙女李晓玲亲自到公司看望导演和公司领导，并表示："我们一定要齐心协力把大钊电影的事情办好，把大钊爷爷的精神传承下去。"

经过几易其稿，2015年11月，电影《李大钊》剧本基本定稿。孙铁导演在跟随陈广娥筹备电影期间，因为身体原因一边工作一边接受治疗，陈广娥也在很多方面对孙铁导演给予帮助，虽然孤身一人，但是周围人的关心照顾让孙铁导演如沐春风，不愿离去。电影剧本写完后，孙铁导演不幸心脏病发作，送至医院后医治无效逝世。

在筹备《李大钊》电影过程中，陈广娥得知李大钊故乡大黑坨村曾经有座华严寺，是当年唐太宗李世民东征时将供拜河神的无名庙祠命名为"华严寺"，明初时重修庙宇香火鼎盛，行僧云集，光绪年间扩建寺庙由李大钊的祖父亲自督办，寺中华严经碑文即李大钊父亲刻写，后华严寺毁于战火。乐亭县是个文化大县，佛教信徒众多，但没有一座佛教寺庙。陈广娥想着多为社会做贡献，为百姓谋福利，传承大钊精神，决心修复华严寺。

2013年11月，陈广娥正式递交修复华严寺申请表，经过两年多的艰难曲折，所花费人力、物力、财力，无以言表，终于在2015年12月正式获得河北省宗教局的批准。修复华严寺是造福人民的公益事业，政府为此特批了230亩地。尽管地已经批下来，但资金还在筹备当中。多年的奋斗打拼，陈广娥行医攒下来的积蓄已经所剩无几，但这并没有成为阻挡陈广娥前进的绊脚石。压力从来都是前进的动力，陈广娥为了传递心中的正能量，她仍坚持前行，坚信一路走下去必有曙光！

提到对于今后三到五年的规划，陈广娥决定在做好大钊电影、修复华严寺的同时，在医生的本职工作上精益求精，创办一家主攻神经方面的中医院，将中医文化传承并发扬光大，通过"一带一路"将中华文明传播到海外，走向国际化，为实现"中国梦"尽自己的一份力量！

香格里拉的"弄潮人"

——访云南迪庆顺源甜馨餐饮管理有限公司董事长陈光芬

陈光芬,白族,中共党员,1969年出生于云南省维西县。现任迪庆顺源酒店和甜馨餐饮的董事长。先后担任州、县工商联副会长、州妇联执委,州、县人大代表、政协委员,省青联执委、州青联常委。被迪庆州表彰为"光彩事业、捐资助学""扶残助残"(州、省)先进个人、"迪庆州十大杰出青年"、省"三八"红旗手暨新农村建设妇女带头人、"省长创业奖"(提名奖)、"巾帼建功"先进个人、"迪庆州民族团结先进个人""优秀共产党员";2012年,云南省总工会"五一劳动奖章""全国农村科技致富女能手"、云南省"最美工商户"等殊荣。

神奇灵秀的山川,古老的民族文化积淀,孕育出香格里拉各民族善良、旷达的性格,也只有触手可及天的香格里拉才能陶冶出陈光芬这样的女子。在她身上我们不仅可以看到中国传统女性的勤劳、忠贞,还可以看到现代女性的果敢、坚韧。两个时代女性的高尚品德在她身上得到融合,被她演绎得淋漓尽致。仰不愧于天,俯不怍于人,她的事迹担得起巾帼不让须眉的美誉。

13岁含泪辍学至今,35年风风雨雨创业路,她走得格外艰难。但波折坎坷没能阻挡住她前进的步伐,反而成为她成功路上的垫脚石;艰难坎坷没能压弯她坚挺的腰杆,反而激励她不断前行;无情病魔没能夺走她坚强的生命,反而激起她昂扬的斗志;孤独寂寞没能消磨掉她顽强的意志,反而让她懂得了沉思反省;成功夸耀没能弥散她心中的执着,反而使她学会了谦虚谨慎才能走稳走远。回首创业路漫漫,当谈及一路的风风雨雨时,她笑着说,"不管遇到什么样的困难,我都只能咬紧牙关向前冲,后退一步就意味着失败，我的身后站着我最爱的家人和跟着我干的团队，我不能倒。"就凭着这股不能输的信念，她缔造了属于自己的传奇。

艰难困苦，玉汝于成

1969年，陈光芬出生在云南省迪庆藏族自治州维西傈僳族自治县永春乡美光村木瓜桌生产队（即村民小组）一个贫穷落后的小山村。她的出生并没有给这个不堪重负的家庭带来一丝欢笑。在那个农民群众普遍吃不饱、穿不暖的年代里，她一个女娃子除了给家里添了一张吃饭的嘴并没有太多的用处。从她记事开始，生活好像一直在割猪草，跟着村里的放牛倌上山放牛、放猪、放羊，照看弟弟妹妹中度过。在无尽的劳作中，学习是她唯一的慰藉，但这仅有的快乐时光仅仅持续了两年，小学二年级的时候，她不得不含泪辍学。在挥别学校的那一刹那，她在心里种下了一个梦想，她要成为一个能担起整个家庭的担子，能改变家乡贫穷落后面貌的人，要让这片土地的子孙后代能尽情地享受读书的乐趣，能走出大山去读大学、见世面！

怀揣着这个梦想，她鼓足勇气说服父母，经在外打工的舅舅推荐，只身来到当地的小县城，在为数不多的几家餐馆、旅店当小工。打工期间，她在干好本职工作的同时不忘向周围人请教经验，她的勤奋好学让餐厅的厨师、旅店老板大受感动，不惜将菜肴的烹饪方法、管理小旅社的经验、经营生意的路数倾囊相授。不仅如此，在赚钱养家的同时她还收获了甜美的爱情，在亲朋好友的祝福声中走向婚姻的殿堂。1989年，在家人的支持下，她用自己的积蓄和向亲朋好友借来的资金，在维西县城保和镇大桥边开始了多种经营，利用之前所学到的管理经验，她陆续开办了一个小食店、一个小卖部和一个小旅馆。利润的相加滚动让她尝到了甜头，生活条件也因此变得越来越好，这让陈光芬坚定了走创业这一条路。

但不可否认的是创业过程艰辛无比，每日起早摸黑，万事亲力亲为，赚的是实打实的血汗钱。她用柔弱的肩膀挑起了整个家庭的重担。感觉熬不过去的时候她也会用哭泣宣泄情绪，待情绪稍稍平定下来的时候便立马抹干眼泪，出门又是一个笑眯眯让人感到亲切、信赖的老板娘。哭得最厉害的时候是金沙江沿岸发生洪涝灾害那一次，陈光芬回忆道:那一天她从昆明发货坐班车回来,被洪水阻隔在石鼓、巨甸的途中,身无分文,举目无亲,自身的安危都成了问题,再想想家中年幼的娃娃,眼泪不自觉就唰唰地流了下来,那段刻骨铭心的经历,让陈光芬至今都无法忘怀,当时的那种无助感现今提起来都会心酸流泪,创业的艰辛可见一斑。

愈挫愈勇,心有坚持

　　靠着薄利多销和诚信经营,陈光芬的小生意做得红红火火。随着口碑相传,她的客户越来越多,钱也赚得越来越多。同时,久经商场的陈光芬感觉小打小闹发展有限,毅然决定开拓新的事业。1996 年,她成立了瑞丰商号,耗资 60 多万建盖了三层楼房,开始做起了商品批发业务。虽然业务改变了,但她的初心没变,始终坚持一贯的诚信准则。对此,陈光芬坦诚地说:"一个人要讲信用,用心去对待每件事,作为经营者,产品质量要保证,交心换心才是立足之本!"由于她的商品质量过硬、价格公道合理,很多商家即使隔着远也愿意去她那儿订货。她用平实的劳动奠定了自己的名声,更用诚实信用打下了寻梦的基础。

　　在陈光芬的事业进入正轨时,她的健康却亮起了红灯。"疲劳过度导致腰脊受到严重影响,需要赶快做手术,不然会造成瘫痪,而且即便做了手术,也不能保证完全康复痊愈的。"当主治医师告知她这一噩耗时,她的脑子一片空白,一时难以接受。但看着哭得难以自抑的孩子,她很快镇定下来,冷静权衡手术与否的后果,当即拍板决定做手术。"我的孩子还那么小,我还没有看到她们上大学。"凭着对孩子的拳拳爱意,这位母亲以惊人的意志力坚持做超强度康复锻炼,她终于战胜了病魔。

　　这场病让她丢了三个批发部,但也让她坚定了自己的信念,磨炼出了百折不挠的意志力。刚一病愈,她就去往香格里拉县寻找新的商机。那时云南的美景渐为人知,她看准旅游业发展机遇,利用仅有的 30 万存款,以破釜沉舟的魄力投标承包了新建成的迪庆州民政宾馆和顺源酒店。

　　商机易寻,时运难测。刚接手迪庆州民政宾馆和顺源酒店,陈光芬就赶上了"非典"。整个香格里拉县空空荡荡，没有客人，也没有进项，每日剧增的日常耗损加剧了陈光芬的恐慌，她多次想要放弃，但被哥哥的一番劝说打消了念头，"这种状态只是暂时的，现在只有头破血流往前冲，没有退路。""是的，我没有退路，只能选择前进。"她一遍遍的告诫自己，强忍着悲伤坚持酒店的运营，以至于两个月瘦了 18 斤。成功往往就在最后的坚持之中，"非典"三个月过后，客人又蜂拥而至，日日客满，她不再为客源而担忧，但有时却出现停水停电，这种情况让她急坏了，一连几个晚上她都不敢熟睡，一直挨到水电恢复了正常。一次，一位北京的游客入住酒店后出现了高原反应，呼吸急促，脸色紫青，全身抽搐，生命危在旦夕……陈光芬马上自己开车，把游客送到州医院急救，游客脱险后，她又专门安排服务员为游客服务，游客满含热泪，紧紧拉着她的手，动情地说："香格里拉风景美，人更美，陈总你太好了，你一定要到北京来找我，我也要为你服务！"像这样鲜活的事例，还有很多很多。

对于酒店住宿者来说，陈光芬不像是一位老板，更像是一个母亲、一个朋友。她会在你失意时耐心开解，在你不顺心时静心听候"数落"，在你遇到困难时及时送上帮助。她的酒店虽然不是五星级，但服务质量却超越五星级，其细致入微的服务以及万事不含糊的态度吸引了一批又一批回头客，也格外受到来香格里拉拍摄电影、电视剧的剧组、明星的青睐。

"酒香不怕巷子深"是陈光芬所奉行的宣传策略，在她看来，拿出资金进行宣传还不如用来干实事，譬如帮助需要帮助的人。在这广告满天飞的年代，她从不搞宣传噱头，只一心一意做服务，坚持用新鲜原材料烹饪食材，坚持以"顾客就是上帝"标准对待每一位顾客。

如今，走在家乡的大街小巷，老百姓总会竖着大拇指说："光芬就是大山里飞出的金凤凰！"敬佩之情，溢于言表。

以善至上，大爱无疆

访谈中，陈光芬感慨自己人生中遇到了很多好人，似乎好人真的总会遇上好人。

陈光芬受别人恩惠的同时也不忘回馈他人,创业过程中从未停止慈善的脚步。作为
人大代表、政协委员,她时刻警醒自己,将满腔热情化做浓浓的爱,默默地奉献在社会
公益性事业中。

从 1995 年到 2000 年,她在汶川地震后为地震灾区捐资助学达 8 万多元;2001
年到 2017 年,她先后在迪庆"8•28""8•31"地震、香格里拉独克宗古城"11•11"火灾
后看望慰问困难党员群众、捐资助学、光彩事业等相关活动中,捐款达近 37 万元。特
别是在香格里拉独克宗古城"11•11"火灾中,她第一时间跑到火灾现场,看到群众的
生命财产受到巨大损失,她心痛地嚎啕大哭。接下来的几天时间里,她义无反顾,积
极投身到抢险救灾的队伍中,帮助受灾居民、个体商铺抢搬东西,还为所有在古城开
办商铺的个体户、义务志愿者、爱心人士,免费在她的酒店提供食宿,她的善念仁心让
大家感动不已,至今牢记于心。

她的善行义举数不胜数,不仅在抢险救灾方面,而是在社会的方方面面。为了积
极弘扬人道主义精神和扶残助残传统美德,陈光芬共帮助残疾人子女上学和就业 17
人,帮助残疾家庭脱贫致富 16 例。为了避免别人重蹈自己因家境贫寒而被迫辍学,
陈光芬带动维西个体工商户,资助每一个结对学生每学年 600 元,受资助学生超过
了 30 人……除此之外,还有很多我们所不熟知的慈善案例,慈善永远在路上。陈光
芬表示,她会将慈善进行到底,"不乱花钱,做力所能及的事,永远坚守共产党员的操
守,坚持照顾老弱病残",这是陈光芬所做出最朴实的承诺。

面对社会各界的赞誉,陈光芬毫不居功,她富而思源,富而思进,感念党的好政策
才有今天,我们要懂得感恩,回报社会,这是我们每一个有良知的公民该做的事,她只
是做了自己该做的、力所能及的事。她谆谆教诲她帮助的青少年:"要做一个懂得感
恩的人,做事不忘党的恩泽,只有人人感恩才会实现社会和谐,实现中华民族伟大复
兴的中国梦。"

贫时不忘学,富时不忘本。她竭尽全力扮演好每一个社会角色。作为共产党员,她
坚守"在群众最困难的时候,出现在群众的面前,在群众最需要帮助的时候,去关心群
众,帮助群众。"她信奉的信条是:诚信经营、品质为先,数十年如一日坚守职业操守。

"越是管理者,越是服务者",她的创业名言值得新时代所有服务型企业学习、践行。

人物点评:树木,没有经过日晒雨淋,不能长高;人才,没有经过千锤百炼,不能健全。她用坚韧与执着,走出大山,勤学钻研,学会了做生意,决意改变那贫穷困苦的命运。她用创业的激情与智慧,弄潮商海,恪守"要做生意先做人",诠释了"小事可以使人完美,而完美绝非小事,"拓展着创造财富的奇迹。她身患重疾,为家庭为事业信念不熄,刻苦锻炼终于康复,重整旗鼓,再度出征。她善念仁心,扛起责任,为需要的人雪中送炭,在百姓中赢得了"共产党员的骄傲"!陈光芬用回报故土的情愫和真诚,谱写了一个女企业家的可贵精神。

沁谷生金　助农脱贫

——访山西沁县沁谷香农业开发有限公司总经理常建青

> 常建青,男,55岁,山西省沁县沁谷香农业开发有限公司总经理。40岁以前曾先后从事教师和司法行业,40岁弃文从农,在谷物上大做"文章"。他看准沁县黄小米的商机,成立沁县禾盛小米开发专业合作社,开办沁谷香农业开发有限公司,立志要"折腾"出点成果。目前,公司已带动1000余户农民种植小杂粮6000余亩,户均增收2000元,常建青也成了一方农民脱贫致富的领路人。

古语说,三十而立,四十不惑。一般情况下,很多人到了不惑之年都抱着现世安稳何必强求的态度,稳稳当当地过后面的日子。可今天文中的主人公,却在自己的不惑之年做了一个清晰而明朗的决定,弃文从农,达而兼济天下!

常建青,55岁,山西省沁县次村乡次村人,算是创业路上大器晚成。他创办的沁谷香农业开发有限公司不仅在当地颇有名气,而且还得到了省市乃至中央粮食部门的关注和重视。他对创业有着自己独特的理解,他认为创业的终极目的不仅是自己致富,而是和家乡的父老乡亲们一起致富,发挥家乡农副产品的资源优势,将家乡的特产推向广阔市场。不仅如此,他在创业路上不依靠政府,不贷款,不要国家一分钱,自立自强走出了一条创业路。

这样一位听起来又有个性又接地气的老汉,到底是做什么的呢?卖小米!如今,在他公司带动下,沁县有机小米、小杂粮已走出家门,走向全国。公司＋基地＋农户＋市场的产业化运作模式也带动了1000余户农民种植小杂粮6000余亩,年加工、销售小杂粮5000吨,产值6000万元,在解决农村剩余劳动力的同时,也实实在在地帮助他们脱贫致富。

与谷结缘　发现商机

常建青,生活在沁县次村的一位普通农民,他年轻时可是一名"文人"。高中毕业后,他在村里当了三年的民办教师。后来,进入次村乡政府做了一名司法助理员,为乡里的村民做法律服务,一干就是 11 年。到了常建青 40 岁的时候,凭着他一个人的微薄收入,生活有点入不敷出了,于是,他寻思着做个什么买卖,让家里人生活的更好些。就在这个时候,他与"谷"结缘了!

弃文从商,说干就干。次村乡是沁州黄小米的原产地,他就地取材在新店镇开了个专卖沁州黄小米的店铺。2002 年开始,他的次村原产地沁州黄小米专卖店开业了。夫妻同心,其利断金,在夫妻俩精心经营下,慢慢地生意越做越好,也有了口碑。然而常建青并不满于现状,他想把小米生意做得再大些,到了 2006 年,他把店搬到了县城。县城的市场,没有常建青想的那样简单,刚开始几个月连房租都赚不够,但是他并没有放弃,挺过了最艰难的时期,终于迎来了事业的春天。

他店铺的小米都出自沁州黄的原产地次村,品质好,价格公道,逐渐地被人们接受,不仅成了市场里的"香饽饽",而且也成了人们过节送礼,走亲访友的首选品。就这样,常建青创业几年后终于获得了人生第一桶金,也是这个时候,他从小米身上发现了新的商机。

整合资源　做"谷文章"

生意的红火让常建青乘势而上,在第一桶金的支持下,随后他在次村乡租了 2000 亩土地,专门种植沁州黄小米,又从浙江专门定制了精美的包装袋,店里除了沁州黄小米还扩充了南瓜籽、沁州黄米醋、沁州核桃仁罐头等沁州特产。这回他的小米生意不仅做得大,而且还全面、正规和高端。

眼看自己的生意越做越好,越做越大,他心中又萌生了另一个想法,那就是一花独放不是春,百花盛开春满园。沁县那么多小米种植户还没有尝到"甜头",既然沁州黄小米这么受欢迎,单就自己一个人的力量显然不够,怎样才能把家乡的特产推出去,让更多的百姓跟着种植并从中受益呢? 于是,一个大胆而又冒险的想法在他脑海中迸发出来了! 2006 年他注册资金 83 万元,成立了沁县第一家合作社——沁县禾盛小米开发专业合作社。该合作社主要是为了有效整合村民土地资源,激发村民种植沁谷的积极性,搭建一个良好的销售平台。合作社采取订单加市场价收购的模式,你有多少我要多少,消除村民种植沁谷的后顾之忧,于是吸纳了一大批村民加入到合作社中来。

合作社成立的准备阶段,他的工作进行的并不是那么顺风顺水,首先就遭到了家人的反对,觉得他这样做太冒险,再加上资金的不足,双重压力下,常建青的创业之路举步维艰。"至今想起来,那段日子,酸甜苦辣都在里边。可是我既然选择了这条路,那再难我也要坚持做下去!"常建青意味深长地说。想破了头,磨破了嘴,跑断了腿,经过他的努力,开办合作社的想法得到了上级部门的支持和鼓励。合作社举办成立仪式那天,县委班子领导、县电视台及环保局等其他好多单位领导都莅临现场,他成立合作社带动村民致富的故事在当时也轰动了整个县城。

自此,常建青在沁谷上做文章的思路和想法便一发不可收。2007 年,他争取到了以沁州黄小米发源地注册"次村"商标,至此,合作社真正有了自己的商标。2007 年 12 月合作社被长治市工商局授予"重合同、守信用"企业。2009 年,合作社被山西省农业厅授予"示范社"称号。2011 年,合作社被农业部等 12 部委办公厅授予"全国首批农民专业合作社示范社"称号。2017 年 1 月,经省、市、县工商部门考核,"次村"牌商标被山西省工商行政管理局授予"山西省著名商标"。2017 年 10 月,山西省粮食局授予"次村"牌沁州黄小米为山西好粮油。多年来,合作社以质量求生存、以信誉求发展,产品质量非常稳定,小杂粮生产已经初见规模。

变身"谷奴" 助民致富

带领村民致富,常建青是认真的。他志在农村广阔天地里展示作为,愿沁谷飘香,用自己的双手带领村民土里刨金。2012 年,他的沁谷事业再次升级,他利用次村独特的地理位置和环境的优越性,注册资金 153 万,建成了占地面积 4809 平方米的沁谷香农业开发有限公司。

该公司是沁县唯一一家以小米、小杂粮种植、加工、销售为一体的农业开发有限公司。这是一个典型的"公司 + 基地 + 农户十市场"的龙头企业,有小米、小杂粮种植基地 2000 亩,设有小米、小杂粮加工车间、包装库、成品库、能源动力维修车间。设有综合办公室、财务室、质量检验部、营销部、产品展示厅、生产部、职工宿舍、食堂、变电室。一个具备发展绿色产业,带动广大农民致富,增加农民收入的新型小杂粮产业初具雏形。目前,公司主要经营产品有小米、小杂粮、土鸡蛋、南瓜籽等,产品远销北京、上海、天津等各大城市。

公司的成立,为合作社的发展提供了极大的便利,二者交融互补,相辅相成。近几年,合作社的发展也在不断探索新路子,采取年初下订单,秋后收购保护价的运营模式,切实解决了谷子种植农户的后顾之忧。如今,常建青带领的次村乡禾盛小米开发专业合作社已和次村、五星村、杨家庄村、盘道村等村的近 300 户农户签订了沁州黄谷子种植合同,谷子种植面积达到了 1000 多亩,总产量达到了 50 多万斤,解决剩余劳动力的同时帮助种植户户均增收 2000 元。

采访中,笔者问他,平时工作那么忙,有没有什么个人爱好来缓解平时的工作压力,他笑着并很明快地回答说没有,下了班就回家休息了,每天几乎都是早上出门晚上回去,有时候甚至住在公司。事实证明,这些年的辛苦没有白费,如今的成果都是对过去的付出最好的回报。2014 年 11 月 15 日,沁县县委、县政府组织省、市、县专家对全县合作社评审,沁县禾盛小米开发专业合作社种植的沁州黄 07 号小米被评为"一级小米";2015 年 6 月在全国优质品牌调研推广活动中,沁县禾盛小米专业开发合作社,符合跨世纪中国产品与品牌的入选标准,被选为"中国著名品牌"。而常建青个人,也从 2015 到 2017 年,连续三年被评为"带动农民脱贫增收先进个人",这不仅仅是一份荣誉,更是对他多年来坚持助民脱贫的最佳肯定。

借政策之风　扬沁谷之名

随着社会经济的发展,如今,公司生产的有机小米市场前景很好。有机产品,不上化肥,二三十块钱一斤也照样供不应求。很多家庭表示,买有机产品,虽然价钱高,但买的是一份营养、健康和安心!单就目前取得的成就,常建青认为还不够,下一步公司的发展,他有着自己的打算。他说,目前公司还处于发展中期,销售量跟不上,他准备壮大自己的销售团队,同时销售渠道也要多措并举,大力发展电商模式。另外,次村乡是沁州黄小米的发源地、原产地,作为一个次村人,他有义务去保护中国名米之乡,以次村特有的土质为基础,深度挖掘沁州米文化,创小杂粮品牌,提高农民收入,实现全乡百姓共同致富的目的。

"习近平总书记说过,山西是杂粮王国,要利用好这得天独厚的优势。山西省委省政府也立志要把杂粮产业搞好,制定政策、搭建平台、参加展会等等。十九大会议的召开,也对食品加工方面提出了扶持的要求,有这么多有利条件,我们作为最基层的杂粮种植者,更要把中央的政策落实好,借这个机会把我们的沁谷之名传出去。"常建青信心满满。

在大众创业、万众创新的舞台上,常建青不惑之年方才登场,但他却用坚定不移的姿态演绎着一个故事,那就是后半生只做一件事,并做好这件事——变身谷奴,志在富农!

(赵　梦)

人物点评

放着司法助理员不干,去当谷奴,当年,常建青的举动确实不被大多数人理解。

而今,当他成立了沁县禾盛小米开发专业合作社,带领农户种植出的沁州黄07号小米被评为"一级小米",入选"中国著名品牌"后,大多数人不仅理解,而且赞赏:他为杂粮王国增添了荣誉,还带动乡亲们脱贫致富。

他的故事,犹如一股清泉,滋润着人们的心田。

像雨燕般飞翔

——访广州雨燕服饰有限公司总经理钟福生

在自然界,有一种鸟叫雨燕,被人誉为"没有脚的鸟",因为它从不停息地在空中盘旋、飞翔,这种精神为人们所敬仰和赞美。在商业,有一家企业也用雨燕这种鸟的精神来鼓舞和鞭策自己,这就是广州雨燕服饰有限公司。而带领这家企业飞翔的领头人钟福生更是把这种精神诠释得淋漓尽致,他用自己拼搏奋斗的经历告诉世人:只有不断地学习、不停地成长、不懈地追求,才能有所作为,才能在商界的天空划出属于自己的那道彩虹。

在商界,白手起家的人很多,但是跌倒了重新爬起来的人却不多。钟福生,广州雨燕公司总经理靠着他一步一个扎实的脚印,告诫商海中沉浮的人们,只有不断学习,学会顺应时代发展,养成未雨绸缪的思维才会抓住市场、抓住商机,找到企业的生存点,进入发展快车道。

在别人的缺点中成长

1993 年,年仅 15 岁的江西小伙子钟福生接过父亲手中的 120 元钱,独自一人乘坐汽车来到举目无亲的繁华大都市广州,开始了他人生的创业。

因为家里贫穷,辍学的钟福生为了减轻父母的重担,也是为了改善家里的经济条件,不停寻找着解决办法。偶然的一个机会,钟福生得知广州一家服装厂正在招工,听到消息后,他毅然决然做出了决定,那就是去广州、去学习、去挣钱。

家里人担心他太小,更是担心他不能闯荡出来,奉劝他不如老老实实在家乡本分做工,也能填饱肚子、解决温饱。可是生性倔强、有着一股不服输劲头的钟福生在父母面前大声说:"我有双手双脚,人又不笨,只要我肯吃苦、肯努力,就一定会生存下来,一定会挣到钱来让你们过上好日子。"母亲听到福生的话,只得默默流泪为他收拾行李,父亲亲自送他到长途汽车站。望着父亲的挥动的手渐渐模糊,钟福生暗下决心,一定要闯出个名堂。

辗转反侧到了那家服装厂,钟福生找到招工负责人,毛遂自荐起自己。负责人上上下下打量了他一通之后,皱着眉头同意他试工三个月,不行就马上走人。

来到车间流水线上,带他的师傅惊喜地发现,这个貌不惊人的小伙子学东西特别快,而且手头勤快,还特别喜欢问问题,便耐心地教授起他来。本来就对服装感兴趣的钟福生更是不耻下问,努力做好本职的同时还喜欢帮助别人。这样一来,别人下班了,钟福生还在工作,从早上八点到凌晨,一天上十五六个小时成了家常便饭。

虽然辛苦,但努力很快获得了回报。入厂才一年的时候,有的人还停留在学徒阶段,而钟福生已经当上了带组组长。面对别人的羡慕,只有钟福生自己知道,他一个月的工作量可以顶上有的人一年。

其实,让钟福生进步如此之快的原因,并不仅仅是加班、帮助别人,而是他在不停地学习别人的缺点,让自己在别人的缺点中成长。在一开始,钟福生也是学习别人的长处,可是他慢慢地发现,自己学得再好,也只能重复别人,而不能超越,在学习那些优秀员工长处的同时找到他们身上的缺点,自己加以弥补并把这些缺点转化成自己的优点,那么进步就会事半功倍。

在这种思维和努力下,一年后钟福生又升职为车间主管,成为大家艳羡的对象,可是不断给自己定位定目标的钟福生却没有满足,而是更加勤奋努力,学管理、学市场、学布局,不肯停歇的他如同在天空不停翱翔的雨燕一般,不断找到别人的不足,来让自己变得更完美。

经历了四年拼搏,已做到厂长位置的钟福生面对已经改善的家庭环境,决定用创业来向父母和世人证明：自己一定能行。

迷失让他找回了专注

1997 年，带着 8000 元启动资金，钟福生开始了自己的创业之路。

和那些不辞而别的人不同，钟福生提前半年就告知老板自己创业的心愿，并且着手培养接班人。直到自己的岗位能顺利交接到别人手中，生产和生意不受到任何影响，他才交上辞呈，并且主动放弃了一个半月的薪水作为损失费。

真情换人心，钟福生的宅心仁厚令曾经的老板刮目相看，不仅没有阻碍他办厂，还以低价格租给他闲置的生产设备。一间不大的小房子，几部半旧的生产设备，十几个毫无经验的工人，面对如此艰难的条件，钟福生不仅没有气馁，仿佛又回到了当初打工的精神状态。

生产上，他手把手地教授；生活上，他同工人一起吃住。良好的口碑、勤奋的态度和处处为他人所想的格局，让曾经的老客户放心地把订单交到他的手里。

客户的认可，更是市场的认可让钟福生很快就淘到了第一桶金。成功的喜悦没有冲昏他的头脑，坚持用打工的心态来面对市场。

虽然公司在不断盈利，可是效益却始终不温不火，没有太大发展。直到有一天，一个朋友、也是曾经的客户来看望钟福生，看到他放下老板的架子，和员工一起扛货包，便对他讲了一番话："你现在做的是杂工的活，再能干也就顶的上两个杂工，你要发展，就要学会经营，不仅仅是生意，更是经营员工，让最合适的人去做最合适的岗位，包括你，要担当起总指挥的角色。"

一席话点醒了钟福生，这时候他才意识到自己是船上的掌舵人，而不是那个拼命划桨的人，只有自己掌好了舵，才能让公司这条大船在商海中乘风破浪地驰骋。

调整了思维之后，钟福生让每个员工都去了最适合自己的岗位，团队作用发挥到了极致。市场定位也由代加工延伸到设计产品，去广州最繁华的服装市场做批发。

短短两年的时候，钟福生的公司便由当初的十几个人增加到二百多人的工厂，当初 8000 元的启动资金也滚雪球般地变成了几百万。

成功让钟福生喜悦,也让他迷失了自己的方向。在一帮朋友的鼓动下,他开始进军外贸市场。不懂业务、不懂市场,甚至还要盲目扩张,最终,钟福生的公司在 2003 年因资金周转不够彻底关门。

面对过山车般的经历,钟福生痛定思痛,一个人静静地泡着茶,不断回忆着这些年的点点滴滴,不断回忆着那些曾经的进步和失败。交朋友没有错,和朋友一起玩更没有错,错就错在自己盲目去了不擅长的领域,而在最擅长的领域没有做到专注。

意识到这些之后,钟福生忍痛卖掉了白手起家的工厂,用十五六万做了自己的重启资金。重新回到自己熟悉的服装生产领域,用设计的经验打造属于自己的品牌。

2003 年,"雨燕"这个服装品牌屹立在品牌林立的广州,用一步一个脚印的努力和敬业打开市场、站住脚跟、迅速成长。

懂市场更要懂得未雨绸缪

钟福生经历过失败后,更加懂得再次成功的不易。面对着收复回来的辉煌,他反倒更加谨慎,不断告诫自己不求快速发展、不图成为富豪,只要每年有进步,便是对自己、对公司、对员工最好的回报。

重新站起来的钟福生开始留心新闻,关注时事,让自己顺应信息时代的变化。每一次政策的调整,每一次潮流的转变,甚至行业的细微变化都牵动着他的心,都会和自己的"雨燕服饰"联系起来。

当初努力创建小厂子的钟福生在运用管理手段重新站起来之后,在互联网时代开启了自己的多元化之路。1981 年诺贝尔经济学奖的获得者美国经济学家詹姆斯·托宾曾说过一句令人深思的话:不要把你所有的鸡蛋都放在一个篮子里,但也不要放在太多的篮子里。专注服装生产市场后,钟福生觉得做生意不能孤注一掷,做大做强雨燕品牌更不能凭借单腿走路。

2012 年,在线下市场日渐稳定的同时,雨燕服饰开始进军电商市场,并根据利润的不同增长点和发展前景来谋划发展。同时,还逐步将代理商纳入公司化管理体系,用更加宽容的多元化经营模式达到合作共赢。

2015 年,雨燕服饰有开展拓展自己的品牌专卖店,在实体市场整体疲软的情况下,雨燕服饰却在短短两年的时间里仅在广东省便拥有了八十余家专卖店。

"我的根不变,就是要做服装生意,有的人觉得行情不好是因为没有在深挖市场、寻找利益增长点上下功夫,做生意嘛,肯定会有亏有赚,只有顺应时代做好多元化经营才能走出自己的路,才能在市场上处于不败之地。"

渴望踏实发展雨燕服饰的钟福生再也不相信市场凭借运气,而是要看实实在在地钻研,"一带一路"、"十九大"这些在生意人眼中太过于高大上的字眼成为他眼中的经济风向标。面对多元化的信息社会,钟福生凭借着这股东风,提前布局、未雨绸缪。

不仅仅在做生意上,钟福生在近千人的团队建设上也注重"未雨绸缪",公司的决策从来都不是一个人说了算,既要有生产领域的意见,又要参考业务方面的建议。即便是在流水线,也要发挥顶层设计理念,采用多元化的管理模式,即便有人请假、辞工,也会有人迅速替补上去,确保雨燕服饰始终按照自己的节奏有条不紊地进行着成长。

"每一年都要有规划、有总结,既要有两三年的小规划,又要有三五年的发展大纲,每年都要用总结来印证规划的正确性,以便能及时调整方向和重新制定规划",这个经营理念被钟福生充分运用在深挖服装品牌市场上,也成为他的个人习惯,特别是年终岁末,钟福生总会泡一壶茶,在脑海中梳理一年来的过往,从生意到家庭,从个人到公司,总结不足、谋划未来,成为钟福生打造雨燕服饰品牌、塑造个人人格魅力的理念和信条。

他坚信,自己和团队的不断努力,会让雨燕服饰这个品牌在商海中飞翔得越老越高、越来越宽、越来越广。

做有情怀的苗木人

——访书旺园林有限公司总经理张书旺

张书旺,1970年出生于河南省南阳市南召县。书旺园林有限公司总经理。园林工人心中的"土木工程师",专注苗木绿化生态行业发展,在山玉兰的培育养护方面有丰富的管理经验。南召县优秀绿色生态环境建设者。

什么是情怀?情怀是指人某种感情的心境,是人对一个事情或对想要实现的目标的执念,情怀是一个人从骨子里透出的独特气质和与众不同,这种不同,不是故作高深的矫情,也不是与世无争的超凡脱俗,而是在历经了生活的磨砂和岁月坎坷之后,始终秉持的生活态度和坚守的人生境界。张书旺,就是一个用情怀在做事业的苗木人。

生活不易　感恩常在

孔子曰:"天降大任于斯人,必先苦其心志,劳其筋骨,饿其体肤,空乏其身。"或许每一位日后能成就不凡人生的人,都曾有一个漫长而艰难的少年与过往。对于书旺园林的张书旺来说,亦如是。

20世纪70年代,我国经济尚不发达,人们的生活水平仅限于温饱状态。农村日子过得尤其贫穷,特别是山里的农民。张书旺出生于1970年,兄妹6人和父母住在大山中低矮破旧的土房子里,辛勤劳作一年还解决不了一家人的温饱问题。"那样艰苦的年代,感谢我的父母把我们拉扯大,没有把我饿死。现在想来,生活实在不易,感恩父母,在那样的条件下对我们的付出和爱的坚持。"在谈到成长初期的记忆时,张书旺虽有唏嘘,但更有一种对苦与难的宽容风度。

受条件限制,从小张书旺就没有进过几次学堂,他笑称自己是"土木工程师",跟土地苗木打交道得多。十年前,他外出打工,做过很多工作,电工、煤矿、木材厂……没有知识文凭,苦活累活干过不少,200多根树,砍、搬、卸、剥树皮,一天下来,累得浑身散了架,在煤矿打工时,拉过一吨重的架子车,一天拼了命地干下来才能拿100多元钱,有一个月拿了2700多元工资,发工资那天,他把那钱数了很多遍。

那些常人难以想象的苦,催生了张书旺对自我价值实现的思考。

苦难在一定的意义上,提升了人的精神品质,增强了人自我实现的能力,不过,这要求苦难的承担者必须具有非凡的毅力、超人的心智,以及对自己牺牲较低价值换取更高价值的坚定不移,张书旺做到了。

勤于劳动　创业脱贫

在张书旺刚刚学会走路的时候,父亲就在山里种树栽苗,他对苗木有与生俱来的亲切感。受父亲的影响,从小他对玉兰、山茱萸、大叶乔木有了一定的了解。

河南省南召县因其地形的立体性和气候过渡性,成为南北动植物兼有的天然林场,2013年11月,南召县被中国林学会授予"中国玉兰之乡"的称号,是中国玉兰的原生区和发源地,得天独厚的自然资源让张书旺看到了商机。

2007年,张书旺回到南召县,白手起家,开始了他的苗木培植园林创业之路。

绿化苗木项目周期长,市场行情风险变化大,对现金流要求高。这对投资者的综合能力是一个极大的挑战,创业初期跑贷款、筹资金、签合同、包土地、育苗栽树,"困难肯定是有的,但只要坚持有多少钱,多大能力,干多少事的原则,谨慎运营,加强管理,所有的困难我们都自己克服了。"张书旺说。

从事园林事业,最大的困难除了资金周转外,就是土地承包经营权的获取,近年国家在农村土地经营管理方面,有不少新的举措:鼓励农民合理利用土地,保护开发土地资源,促进经济发展。这对农民及园林经营公司来说都是好事儿,企业承包农民的自留地、自留山发展绿化产业,解决了基地问题,农民朋友受聘企业,护苗育林,享受工资福利待遇,保障了生活。同时,政府对在保护和开发土地资源、合理利用土地以及进行有关的科学研究等方面成绩显著的单位和个人,给予了政策支持和奖励,这是三方共赢的合作创举。

在与农民朋友合作的过程中,作为大山的儿子,张书旺深深懂得他们心里的顾虑与期盼,处处替他们考虑,打消他们的顾虑。承包合同一签就是十年八年,这期间也有农民朋友单方面退出中途违约现象,遇到这种情况,张书旺就会提着礼品,像走亲戚一样,上门与他们拉家常、话闲情亲切沟通,放宽条件宽容对待,确保了农民朋友继续了合同的履行。

经过近十年的努力, 张书旺创建的书旺园林公司拥有了 300 余亩的育苗基地,在南召、方城等多地建有林场。他培育的山玉兰、五角枫、大叶女贞、山茱萸等苗木以精品、质优取胜,获得了客户们的认可,业务遍及全国各地。

如今的张书旺,不仅让自己的小家过上了好日子,还带动了家族亲友及当地村民乡邻致了富。"有不少村民找上我,让我承包他家的土地。这样他们把地包给我有一份收入,在我这里上班还有一份收入,对此他们十分乐意。"张书旺说,他从不拖欠育苗人的工资,工资都是日结,二十几名工人,每天都有活干,多劳多得工人们也比较稳定。

诚实诚信　自有回报

苗木行业,信誉第一。在苗木种植经营方面,张书旺并没有什么特殊门道,只是他的心态好,他不打价格战,不投机钻营,每单生意在保证自己应得利润的前提下,总能尽心尽力将质量和信誉做到极致。

不以钱财定成败,知足常乐,超预期地满足客户需求,客户要六成的苗,他就提供八成的苗给客户,客户要八成的苗,他提供十成的苗,自己多承担点没什么,只要客户满意就行,不合规的树苗坚决不混进订购单。

有一次,一位内蒙的客户向张书旺订购了一车玉兰苗。接到订单后张书旺第一时间将树苗装车发运至内蒙,可抵达目的地要卸车时,客户却说搞错了,需要另一个品种的树苗,张书旺没有多说什么,又将树苗运回南召,后来想方设法拆零出售,费了不少人力财力才将那一车树苗亏本售清。他将客户的货款如数返还给客户,通过此事,客户对张书旺的可信度有了新的认识,随后继续与他合作,订购了另一品种的树苗,并且从此与张书旺成了亲密的合作伙伴。

"诚信赢天下"是张书旺常挂在嘴边的话。替别人着想,急他人之所急,把客户、工人当朋友,付出了真诚自会有回报。张书旺事业的顺利发展,不仅得益于他创建的良好营销渠道,更重要的是他人格魅力的吸引力。

"有一个客户在购货时给我打了5000元订金,结算货款时,我们双方都忘记了之前预付了订金这一事儿,按全款结了账。第二天我在核账时发现多了5000元钱,才想起这个订金的事儿,马上联系客户将订金退给了他,现在这位客户我关系很好,介绍了不少业务给我。诚信赢天下,这话一点儿不假。"张书旺讲起他与客户间的故事时满是激情。

"做我们这一行,靠的是口碑,诚实做事,诚信做人,能给你赢来无限大的经济效益与信誉回报。"张书旺身体力行地恪守着经商之道最朴素最简单的经营门道。大道至简,知易行难,知行合一,得到功成,只有用自己的真心、汗水、智慧、操守、博爱以及做人的品行努力的实践磨炼的人,才能功成名就。

心系家国 共同致富

"园林绿化苗木种植是个好项目。"张书旺说。近年国家对绿化环境尤其重视,提出了新的生态标准,环境治理及旅游休闲度假产业的崛起,促进了园林建设的发展,绿化行业市场走势看好。

为了加快发展,书旺园林也建立了互联网销售渠道,使公司的产品能传播得更快更远。但张书旺认为,网络营销推动是辅助,还是要靠口碑,靠线下实体店的贴心服务、过硬质量才能真正留住客户,要走线上线下相结合的发展路子。

谈到未来 3~5 年的规划,张书旺说他有个愿望,希望有一天,他有能力去帮助和影响更多的人来从事这个行业,共同致富,让老家山里的父老乡亲能学会利用身边的地理环境资源,大胆创新,拓宽致富路,过上心里向往的美好生活。

"我希望别人比我更强。一个人吃饱了不行,还要让更多的人吃饱吃好才行。"

朴素的话语里折射出他的小梦想,大情怀。

一个人,只要用心想事,用心做事,心有担当,将诚实诚信作为一种作风来要求自己,成为自己的一种生活方式和习惯,相信功夫不负有心人,他的梦想一定能实现,像一束微光,温暖照亮自己和他人的生活。

将爱心在农民中延伸

——访内蒙古蒙驼王服饰有限公司总经理张粉云

> 张粉云,内蒙古蒙驼王服饰有限公司总经理。1985 年,曾担任化德县长顺镇德义村妇联主任及村委会主任,并多次被县委组织部评为农村优秀党员,被县总工会授予县级劳动模范,被县文明委授予优秀社会志愿者和"学雷锋"先进个人。2003 年,张粉云成立了化德县蒙驼王服饰有限公司,在这位农民企业家的带领下,化德县及周边村民多数解决就业问题,年收入得到大幅度提高,实现了稳定脱贫目标。

她不是霸道总裁,只是一个农村的普通妇女,但她却始终在想着要如何实现自己的人生价值,如何走发家致富的路子。

1985 年,在全村乡亲们的一致推选下,她担任了化德县长顺镇德义村妇联主任,并多次被县委组织部评为农村优秀党员,被县总工会授予县级劳动模范,被县文明委授予优秀社会志愿者和"学雷锋"先进个人。

2003 年,她成立了化德县蒙驼王服饰有限公司。截至 2016 年,公司已为 36 户贫困户解决就业问题,人均年工资总额为 5 万元左右;14 名缝纫工,人均年工资总额为 23000~24000 元;8 名副工,年工资总额为 17000~18000 元;4 名打包人员,工资总额约为 3 万元左右;4 名运输工,年工资总额约为 3 万元。如今在她的努力下,化德县及周边农村村民多数解决就业问题,年收入得到大幅度提高,实现了稳定脱贫目标。

这个给村民带来巨大的利益的人,就是内蒙古蒙驼王服饰有限公司总经理——张粉云。

从农民中走出来的企业家

张粉云出生于内蒙古自治区化德县长顺镇德义村的一个农民家庭,由于家境贫寒,她过早地背负起生活的重压,尝遍人间酸苦,历经世事艰辛。而这一切,也早早历练出张粉云吃苦耐劳,不服输的性格。

"村里的事,就是自己的事,我要担好这份责任。"这是张粉云担任村委主任时经常挂在嘴边的话。她不是什么大领导,只是一个小小的村主任,可就是在这个别人看来很不起眼的工作岗位上,她硬是团结带领全村乡亲们,在没有路的穷山沟走出了一条路。

曾有人问张粉云:你一个女人为什么还要这样拼?张粉云笑着说:"我们只是普通的农民,我们不拼,就永远出不了头。"朴实而简单的话语,让人在心底有些许的心酸,同时又莫名地对这个女人产生深深的敬佩。

张粉云的想法很简单,她始终秉持着自己是一个共产党员的信仰,在她的心里:作为化德县长顺镇德义村的村委主任,她就是全村人的大家长。她不但要自己脱贫致富,她还要带着全村人跟着她一起脱贫致富。

1991 年,张粉云鼓励乡亲们开始播种青玉米、青莜麦等种植物,并大力发展养殖业。到了 1992 年,村里的饲草种植从不到 20 亩增加到了 2000 多亩,牛羊从 180 头增加到了 1300 多头。而 1994 年,张粉云的付出有了更大的回报,德义村乡亲们喜获大丰收,全村新购摩托车一下子达到 18 辆,一跃成为乡里远近闻名的富裕村。

村里人的收入翻了一番,生活水平有了很大的提高,这一切给了张粉云很大的鼓舞。"没有做不成的事,只有做不成的人。"这个憨厚倔强的女人,她的心里有了更大的目标,她要做出更大的成绩来回馈自己的家乡。

艰难创业造福父老乡亲

虽有满心的抱负,可在那个年代农民创办企业并经营出成绩是多么的艰难,更何况是一个普通的农村妇女? 然而张粉云认定的事情没有人可以改变。

1994 年底,不顾家人的竭力反对,张粉云到县城一家服装厂,开始学习服装加工。1995 年,通过各方帮忙筹集资金,张粉云开了一家服装加工"小作坊",从村里带了 25 名村民,开始了人生的艰难创业,并在全县率先开了"特步"、"衣之纯"及中老年服装等 3 个品牌服装专卖店。

万事开头难,随着张粉云"小作坊"规模的扩大,同时带来的不乏管理上的漏洞以及资金周转的拮据。没有做过管理,不懂经营,没有关系,这些张粉云都可以学,可以一点点去摸索,可是资金周转的不便才是张粉云最头疼的地方。

作为一个普通的农民,没有丰厚的资本,怎样才能不让资金断层,怎样才能让这个团队更好地发展下去,让每一个员工都有活干? 有饭吃? 这重重的问题萦绕在张粉云的脑中,她开始整夜整夜的失眠,所有的重担压在这个柔弱女人的肩上,其中的艰辛可想而知。即便张粉云再次回忆那段时光,语气中依旧是掩不住的感伤:"那段日子真的太难,太难了! "

咬着牙挺过那段日子,幸运之神终于眷顾了张粉云。2013 年,适逢国家实施鼓励发展清洁绿色无污染中小企业政策,在县委和政府的高度重视和大力支持下,张粉云大胆投资 1000 多万元,在化德县服装创业园购置一处 3300 多平方米的厂房,成立了化德县蒙驼王服饰有限公司,大力引进各类有文化、懂技术、会管理的技能型人才,并投资设立了蒙驼王服装研发中心、车间办、仓储中心、销售部等部门。

从曾经的"家庭小作坊"创始人到如今的"蒙驼王服饰有限公司"的董事长,张粉云的企业家梦想终于步入正轨,但她并没有忘记陪着她一路走过来的父老乡亲。公司从一开始组建起，就始终坚持"待遇留人、感情留人、诚信留人"的企业文化理念，除了日常在公司开展劳动技能竞赛，给予优秀员工奖励扶助，捐助子女考上大学的等举措外，还通过聘用化德县及周边农村贫困农民为员工，让越来越多的贫困户通过企业带动与自身发展获得长期稳定收益，达到脱贫致富目的。

"我老了，可我想多干几年，要不然跟着我的这帮父老乡亲怎么办？他们靠什么吃饭？"年轻的时候，张粉云把自己的青春全部献给了德义村的村民们，如今年老了，张粉云对着这片自己曾经奋斗过的热土依旧操不完的心。她一直用自己的实际行动努力承担和践行着为政府分忧、为百姓解难的社会责任，从未停歇。

抢抓机遇寻求农民致富路

如今的张粉云是家乡的骄傲，是农民创业的楷模。回首往事，这一路走来，张粉云用自己的平凡人生谱写出了属于一个女人的传奇，曾经的磨难铸造了她的传奇。一方面，张粉云的成功与其敢想敢干敢拼的精神密不可分；另一方面，张粉云的成功经历也是中国改革开放对于农村企业的崛起之路的关注和支持的一个缩影。20世纪90年代是中国服装业快速发展的时期，那时候中国劳动力成本优势不断凸显，中国将纺织出口作为重要的出口创汇来源，成为纺织服装第一大出口国，而这些都是张粉云瞄准机遇从事服装业获得成功的跳板。

虽然近年来我国服装企业整体面临着调整阶段，但对此，张粉云这样说道："生意好不好做取决于一家公司愿不愿、敢不敢、迎不迎合现在的变化趋势，能不能做出正确的转型和变革。目前，蒙驼王服饰有限公司也已加入'互联网＋'电商平台，希望能够在党和政府对农民创业政策的大力调控和帮助下，尽快突破过去传统市场的束缚，更快地实现农村企业推广和市场拓展。"

当前，"大众创业，万众创新"在全国方兴未艾，党的十九大规划了今后五年的发展蓝图，张粉云对未来充满了信心。她表示，现在的蒙驼王还很小，蒙驼王还会继续拓展床上用品等业务,会对整个产业链的发展提出更高更广阔的要求。未来的产业兴村,一定会是推动新农村建设步伐的根本,也将会使农村的父老乡亲走上富裕之路。

在改革的浪潮中,能够以一己之力带富一方人,这需要何等的魄力和胸怀,张粉云做到了。如今她依旧在坚持,相信不久的将来,一定会有更多的中国企业家如张粉云一样从农民中走出来,带领亿万农民走向脱贫致富的金光大道。

(王一淑)

一种新型医疗模式的诞生

——访深圳市司令英西医妇科诊所创始人岳磊

岳磊,男,深圳市司令英西医妇科诊所有限公司总经理,毕业于华西医科大学,研究生。30年间从住院医生、主治医生到主任医师,拥有丰富的医学临床专业背景。从科主任、院长到职业经理人,拥有20年的行政和市场管理经验。从社区门诊到三甲医院,从公立医院到私立医院,从国内到国外拥有丰富的人生阅历。除此之外,岳磊还是香港优秀人才引进计划获批专家,与香港及世界各地相关国际医疗机构有广泛的业务联系。

诊所,遍布于城乡各地,上千万的数量构成了群众健康的一道守护网,守护着城乡群众的健康。

从医疗机构来讲,诊所可能是最基础的、单位最小的机构;然而,她就像空气、阳光和水一样,我们时时处处却离不开她。

今天,让我们共同走进深圳市司令英西医妇科诊所,来重新审视我们所司空见惯的诊所,共同分享一种创新的医疗机构,走进其事业的创始人岳磊之传奇人生。

临床"一把刀"是如何炼成的

和岳磊面对面交谈,时时刻刻能感受到一个创业者的激情和洞见,结合自己创办的妇科诊所,解读对行业创新的看法,解读创业者应该对社会承担的责任,这些都会在不经意间会感染到你,这就是一个创业者的魅力所在。

当前,全国各地创新、创业形成了热潮,"想干事、能干事、干成事"的氛围正在蔚然形成。在这样的"双创"氛围下,岳磊以及与他创办的西医诊所一样,就是医疗领域深化改革的一个缩影,更是中国企业创新的一个缩影。

在这种好奇心的驱动下,毕业于华西医科大学的岳磊,是如何一步一步成就了"临床一把刀"的美誉?

大学毕业的岳磊,被分配到了中石油兰州石化总医院,当时也是一个比较大的三级医院,职工上千人,岳磊从泌尿外科的基础岗位做起,在住院医师岗位上,进步很快,从最小的手术包皮手术,到前列腺、肾脏手术、膀胱癌手术……一直到首例肾移植手术,在医院领导的大力支持下,自己带领团队完成科室的首例肾移植,这也是兰州市的首例肾移植手术。

相比较而言,兰州大学医学院附属医院以及甘肃省人民医院作为三甲医院,当时还不能做这样的手术,但是他们作为职工医院不仅做了,而且手术非常成功,这充分说明岳磊带领的团队还是很棒的,技术是先进的。

这在于团队领路人岳磊的学习、探索与创新能力。虽然是职工医院,条件没有三甲医院条件好,但是,强烈的学习欲望、探究欲以及治病救人的责任意识,迫使岳磊始终关注最新的医疗技术的学习与临床应用。

从刚开始的临床做起,由住院医生、主治医生、到主任医生,作为医生,以最好的技术服务病患者,把病治好,这是岳磊事业发展的第一个层面;作为科主任、院长等行政领导,角色转换了,岳磊既是医生,更是管理者,要让他们发挥更大的作用,服务社会、服务病患者,这是岳磊事业发展的第二个层面;到之后的市场调查、病人的需求以及对医疗市场的看法、切入点,把企业做大做强,这是岳磊作为企业家、职业经理人的第三个层面。从医生、管理者、职业经理人,再到企业家精神的回归,这是三种不同的身份转换,在岳磊的身上集中体现出来。

早在在四川华西医科大学攻读研究生期间,岳磊就接触到这些先进的医疗技术,养成了良好的学习、科研的习惯。在工作的过程中,北京、上海、广州、深圳、香港等地,都有岳磊一路学习、钻研、思考的足迹,到全国各地学习、交流、开会,更开阔了他的眼界,特别是北京朝阳医院,肾移植在全国当时是第一家,通过学习,把先进的技术引进到医院乃至兰州,在岳磊看来,这就是一种资源整合,刚开始做这些手术的时候,他就把自己导师请过来,通过"传、帮、带",通过外部资源、手段,来建立自己的科研小组、手术团队,引进、整合、创新,完全依靠自己的力量,最终把事情做成功。

能自己带领团队完成首例肾移植手术,作为职工医院在当时确实产生了很大的轰动效应,这对岳磊的影响是深刻的,使他有更多的机会去思考体制内、外的差异,更想到如何才能充分发挥自己的能力。

长期的临床实践,丰富的专业知识,强烈的探索求知精神,对病患者强烈的责任感,加之以敢于创新、大胆开拓进取的尝试,所有这些成就了岳磊"临床一把刀"的美誉。

创业之路是如何形成的

肾移植成功,对岳磊可说是影响很大,他看到体制内的弊端,譬如,医院引进技术、设备,牵扯到行政、市场、政策、海关关税、医疗机构合作达成共识,涉及各方面的关系和利益,这都不是一句话就能解决问题。朝九晚五,按时上下班,开会、外出学习交流,对医院进行质量管理,更多的是在框架和体制内进行,很难有创新的地方,个人的能力很难全部发挥出来,受条条框框的约束比较多。

体制内的弊端,束缚了个人潜力的发挥,催生了他自己干事创业的念头。既然这样想了,岳磊就开始行动,尝试着摸索一条适合自己的路来,他毅然辞职来到深圳。深圳处于改革开放的前沿,是一片创业的热土,只有到深圳来,才能使自己的生活、事业发生质的变化。

来深圳以前,北京、上海、广州等各大医院争相邀请他去工作,但是岳磊有自己明确的目标,那就是要跳出体制,毫不犹豫探索自己的人生事业之路,40岁不到的岳磊,听从自己内心的要求,他忍受不了按部就班的重复过程一直到退休,那不是他所期望的生活和事业。

他先后以技术带头人的身份加入到阳光集团、博爱医院等民营医院,在这里,他确立了市场概念,如何发现患者的需求,并能针对患者需求,如何应对? 边工作边了解,不断探索、摸索,逐渐形成了自己明确的目标、发展方向。

偶然机会,岳磊看到香港有个优秀人才引进计划,在海关那个地方发放宣传手册,他一看,宣传册上要求的条件他都能达到,他就填写了一份申请表格,他的很多同事、朋友、同学说不太可能,因为香港技术人才的引进条件非常高。他就一边工作一边申请,一年以后,居然真的选中了。在香港出入境事务处,经过面试,结合自己的从医经历、行政管理到市场经验,居然通过面试,全家移民香港。

很快融入香港的岳磊,接触到国外的医疗体制、模式、政府对医院管理方式,对国内国外两种医疗体制、模式优缺点有了更为深刻的认识,这逐渐形成岳磊自己的医疗模式,并在实践中进行医疗模式的创新,这形成了他创业的基本模式。

优秀的技术人才,未必都是创业者;创业者,一定都是各行业各领域的实干家!岳磊就是这样践行着的。创业关键是有克服困难的能力,创业想很重要,但是落实它、去干,干更重要,执行力更重要,在干的时候抓紧,然后才能成功。在创办深圳司令英妇科诊所过程中,岳磊体现得淋漓尽致。

其一,团队组建优势。在临床工作的第一线,不管是在兰州、北京、广州、上海,还是后来的香港、深圳,喜欢交朋友是岳磊的性格,他结识了很多优秀的医务人员,这些人脉资源成为他创业初期团队组建的优势。

其二,政策的优势。香港不承认内地的医生资质,在香港开办西医诊所几乎是不可能的,但是深圳不一样,有优惠的政策,能很快拿到营业执照,所以创业我选在深圳是自然而然的事,这样更容易成功。

其三,资金优势。创业,设备、场地都需要投资,办医院需要大量资金,贷款融资不可能。这还要靠岳磊的人脉,岳磊就寻思着和他的企业家病患者合作。他刚好有个患者是企业家,做进出口贸易生意的,岳磊把他的病彻底治好了。这个企业家家有个弟弟在英国,患有前列腺疾病,在英国都没有治好,介绍到岳磊这里,也给彻底治疗好了。这一来二去,双方互生好感,岳磊提出了请企业家投资的意向,经过简单的交谈就开始合作了。你有技术,他有资本,就这样,岳磊的西医妇科诊所完成了资源整合。

"机会是干出来的,不是想出来的。"创业者的岳磊就是这样一路摸索,一路思考,并能把最先进的医疗技术应用到临床上,造福病患者,为他们解除病痛的折磨与痛苦。

"创业不是挂在嘴上的,创业都是干出来的,不是想出来的,想和干两码事。习主席说'撸起袖子加油干'说的就很形象,说明干确实十分重要。在干的时候要抓住机会,干很重要,越是智商高的,学术能力强的,创业能力不一定高;就是因为他们太能想了,一旦有了好的创意、点子,马上就会想到很多的困难,于是就裹足不前,停在想的层面上,对工作没有丝毫推动作用,也就永远落实不了,执行力永远缺席。"

干的时候寻找机会,抓住机会,正是岳磊成功的奥妙之一。岳磊一条创业成功之路就这样清晰地、全方位地展现了出来。

一种新型的西医妇科诊所面世了

对国内国外两种医疗体制、医疗模式的借鉴,融合公立医院和民营医院的专长,结合自己医学专长与各种资源,以及对医疗市场的洞若观火,创办深圳市司令英西医妇科诊所应运而生。

据岳磊介绍,深圳市司令英西医妇科诊,作为新型的西医妇科诊所,主营业务在妇科方面,做女性的卵巢保养以及女性卵巢功能的提升,最主要业务是抗衰老治疗。虽然抗衰老治疗和卵巢功能保养、提升,涉及很多妇科方面疾病。例如,卵巢功能出现问题,会出现一系列的身体疾病变化。譬如,卵巢功能降低的话,月经不调、闭经、痛经以及更年期综合征,甚至会出现肿瘤倾向,再有就是不孕不育的出现,这些都是具体的一些疾病,也是我们服务的项目。

按照岳磊的构想,这个诊所是一个创新的医疗机构,是专门为女同胞服务的,主要是做女性卵巢功能的提升和抗衰老的预防诊治,创新是创办这个诊所的生命线,是生存和发展的一个基础,如果没有创新的话,就不会有深圳司令英西医妇科诊所存在的价值。

深圳司令英西医妇科诊所区别于普通的诊所,在创新方面体现得更为鲜明。

这种新型的诊所特点之一就是产品的创新,产品的创新体现为他们提供的服务里,在卵巢功能提升这一块,它就是一个创新。在目前国内的医疗体制里头,专门做一项技术,比如说卵巢功能提升这一项技术,你很难在医疗机构找到这样的一个专科。如果你到北京、上海、广州任何一个大医院去,说我要做一个卵巢功能提升,保证你找不到这样的专科。但是这种新型诊所呢,就提供了这个技术,所以这就是创新,这是一种产品的创新,也是一种技术的创新。

其次,商业模式的创新。譬如,这种新型诊所引进香港的管理模式,整个都是预约制,很有隐私性,尊重患者的隐私,而且提供的全程医疗服务都是很到位的。可以享受到高端的、高品质的、受尊重的医疗服务,这是商业模式的一种创新。

最后,互联网创新方面。这种新型诊所把很多的技术、很多的联系和外界的信息都放在互联网上,所以它是一个诊所加互联网的一种模式,这也是一种创新。

关于企业的未来发展,岳磊充满了期待,那就是造福更多的患者,为更多的患者来服务。放眼未来,仅仅只有这一个新型的诊所远远满足不了全国众多病患者的需求,他们可能会做连锁式的诊所性企业,在全国范围内复制,条件成熟的话,可以进行规模性的扩展。或者不一定局限于诊所的规模、形式,可能他们还会把它做大做强,做成标准,做成专科医院、综合医院的形式,或者是进一步创新医疗模式,为社会和广大病患者提供更为满意、周到的服务。

岳磊所奉行"创新、共赢"的经营管理宗旨,让我印象深刻。确实,创新让我们看到他作为企业家的那种情怀,更难能可贵的是,他做企业不仅仅只是挣钱,他还清醒地认识到要服务社会,体现其企业价值,这才是岳磊最让人敬佩的地方,这也许是他与其他企业家最大的不同之处。

临猗"苹果王"的大产业情怀

——访山西省临猗县忠定苹果种植专业合作社理事长吴中定

> 吴中定,男,1958年生,高中文化,农民技师。山西省临猗县角杯乡上豆氏村果农,临猗县忠定苹果种植专业合作社理事长,山西农科110专家咨询委员会委员。他探索"五统一"管理模式,推动果业标准化进程;创新推广"6+2"高新技术,带动果农增收致富。因为成绩突出,2016年荣获"全国五一劳动奖章"。

2017年中央一号文件提出,"深入推进农业供给侧改革",并特别提到"着力推进农业提质增效,拓展农业产业链、价值链"。为此,我们特意采访了"全国五一劳动奖章"获得者,临猗县"苹果王"吴中定,看他如何拓展大农业产业,发掘果品优势,推进农业提质增效,带动当地农民奔小康,实现果农的"供给侧"改革之路。

面前这位已近花甲之年的"苹果王"吴中定,不很高的个子,透着股精神劲,穿着一件不起眼的黑呢子外套,带着浓浓的家乡口音,很随和也很健谈。我们的采访就像拉家常,没有更多的客套,更多的是来自这位"苹果王""浓得化不开的"大产业化情怀,在不经意间倾泻而出……

科技为"苹果梦" 插上腾飞的翅膀

生于1958年的吴中定,是位地地道道的农民。自1978年以来,他把一腔赤诚之心献给了脚下这方生他养他的热土。近40年的坚守、科研与创新,他身体力行,坚持不懈,克服重重困难,不断摸索,跌倒了再爬起来,不断总结经验教训,示范引领,最终取得了来之不易的成绩。在自己致富的同时,他不忘造福乡邻,在带领乡亲们致富的道路上越走越宽广。

回顾过去,这位老果农有说不完的话。当谈起他创办合作社的初衷时,他这样说道:改革开放以来,由于实行家庭联产承包责任制,解放了生产力,激发了果农生产的积极性,迅速摆脱了贫困。但是随着中国农业现代化的进程不断加快,一家一户生产的农产品或者是果产品越来越不适应农业的现代化,表现为标准不统一、规程不统一、管理不统一、品牌不统一、销售不统一,造成了果产品滞销,效益低下,甚至会出现"果贱伤农"的现象。

所有这些,都让吴中定看在眼里,急在心上,他积极探求解决之道,创立了"五统一"管理模式,最终推动果业标准化进程,实现了临猗苹果的"统一化工程"。

在长期的生产实践中,吴中定十分注重科学技术应用,创新推广了苹果管理"6+2"高新技术,有效提高了苹果管理的科技含量。

针对当地苹果果面不净、着色差的问题,他探索出纸＋膜双套袋,科学确定套脱袋时间,既保证了果面整洁,又增加了着色红度。在全县果区推广 20 万亩,年产 1 亿斤,每斤苹果销售价提高 1 元以上,每年促农增收 1 亿元,四年来累计增收 4 亿元。近年来,随着全县果业的快速发展,乔砧密植的栽培模式使果园郁闭现象日渐严重,导致通风透光差,果面着色差,产量减少,质量下降,同时加重了病虫害发生,树体老化,甚至出现整园果树枯死的现象,许多果农心急如焚,束手无策。为了攻克这一难题,吴中定风尘仆仆奔波在中国果树研究所、郑州果树研究所等科研单位,与专家商讨对策。同时他赴山东、陕西等地考察学习,结合本地实际,提出了果园降密间伐的管理思路,并制定了科学的操作规程,使 10 万亩老果园得以改造,每亩年增收 2000元,全县增收 2000 万元,四年来累计增收 8000 万元,成功实现了果业二次提质增效。仅以上两项科技创新推广,四年来共计促农增收 4.8 亿元。

与此同时,他还积极推广果园种草技术。通过在果园种植三叶草,既增强了土壤有机质,又调节了果园的小气候;广泛推广果树病虫害生物防治,增施有机肥、壁蜂授粉、摘叶转果、铺设反光膜及物联网、水肥一体化等"6+2"高新技术,有效改变了有机质含量低、土壤板结的状况,攻克了腐烂病、根腐病大面积发生的难题。示范推广水肥一体化、搭建防雹网、弥雾机等先进设施,大大增加了苹果管理科技含量,生产的优质果畅销全国38座大中城市。他在示范园建起的高科技物联网,把新技术和高标准生产流程通过物联网及时传送给全市、全省、全国果农,为果业现代化起到了积极的促进作用。

"老吴"苹果的品牌化之路

"老吴"苹果的品牌化之路,曲折艰辛,凝聚了吴中定几十年如一日的追求。正是这种持之以恒的不懈努力,加之以科技创新、科技攻关的巨大力量,推动"老吴"苹果的品牌化之路越走越远,也越来越清晰。

1984 年,吴忠定开始栽植苹果树。当时,村里有一个 15 亩的果园,十几年了一直不挂果。上高中的时候,吴中定跟老师学过一段时间的果树种植技术。他觉得这 15 亩的果园就是缺乏科学的管理,加强管理就能结果。

正是这种"敢为天下先"的勇气和魄力,让吴中定闯出了一条果农通往小康之路的通途。

在别人不理解的目光中,吴中定拿出 2700 多元承包了村里的果园。承包之后,他到处请技术高手来给果园"诊病"。当时,县里有个果桑站,他几乎每周都要到这里,与专家们交流果园的情况。在专家的帮助下,经过给果树剪枝、通风透光和施肥后,第二年,吴中定承包的果园竟然丰收了。这下轰动了全村。1985 年,吴中定靠种果树购买了一台四轮农用车和一台 14 吋彩电。

这次成功让吴中定尝到了科技种植的甜头,从此一发不可收。学科技用科技,出国学习考察,在全国各地取经果树管理技术。科技让吴中定如虎添翼,更坚信把自己种植的苹果做成最值钱的水果,做成全国都叫得响的品牌。

1997 年,对吴中定来说,是煎熬的一年,这一年苹果堆积如山,根本卖不出去,烂了臭了，最后都倒到沟里了，这让吴中定蒙了。但是善于学习、总结的吴中定发现了一个最大的症结，那就是："好果子不愁卖，不好的果子求人也没人要。"

找到症结后，吴中定开始在自家的果园里实施品种改良。同时他还根据县里推广的"间伐"技术，降低果园果树密度，从每亩 80 多棵果树不断间伐，一直降到 30 棵。当时村里很多人都觉得他傻，好好结果的树就舍得锯掉。结果间伐后第二年，果树长势喜人，亩收入与间伐前持平；间伐后第三年，平均亩产控制在 2500 公斤，但苹果质量却大幅度提升，几乎全是直径在 85 毫米以上的特优苹果。再次尝到科技甜头的吴中定更加坚信科学种果。县里推广的技术他都要学，但凡有出去学习的机会，他自费也要去。

因为苹果质量好了，吴中定的苹果价格也就上去了。由刚开始每斤多卖 5 角钱，慢慢地每斤多卖 1 元、2 元，再后来就是 3 元、5 元，直到现在的一个苹果 10 元，甚至 50 元一个。如今他的苹果卖到了全国 38 个大中城市，每年都供不应求。

"老吴"牌苹果就这样一步步走来，叫响临猗，成为山西省著名商标。临猗苹果也成为国家农产品地理标志保护产品，临猗苹果和烟台苹果一样，越来越有影响力，叫响全国，畅销国外市场。

践行农业大产业化，带领村民奔小康

"一人致富不算富，全村人致富，甚至全县人致富才算好"。经过十多年的发展，临猗县 150 万亩耕地，其果林面积已达到 100 万亩，成为全国最大的水果生产县，年产果品达 20 亿公斤，商品率达 80% 以上，总产值达 30 亿元，果业人均纯收入占到全县农民人均纯收入的 70% 左右。为了与乡亲们同奔小康路，吴中定热心向果农提供社会化服务。

为此，吴中定在自家的果园建起了高标准的苹果田间培训学校。通过科技大讲堂，他向前来取经的果农亲手示范，传授技术，近年来先后培育新型职业农民、山西省青年农场主、定点扶贫户等 700 余人。合作社提供产销信息，多方开拓市场，成功与北京、武汉、太原等城市超市实现了农超对接。经过几年的培训,吴中定带起了一支100人的农科服务团,建起县、乡、村三级科技服务网络,每年深入农村举办科技讲座上百场次。

近年来,千人以上的观摩现场会20余次在他的示范园召开。外地果农自发组织的百人观摩团200余次来他的果园学习,吴中定的足迹遍及晋陕豫黄河金三角区域6县市50余个乡镇410个自然村,累计培训10万余人次,引领广大果农走上了科技致富之路,引来俄罗斯、澳大利亚、菲律宾、智利、美国、以色列等9个国家水果专家来中定果园技术交流。

目前,忠定苹果种植专业合作社社员205户,拥有优质苹果生产基地4800亩。合作社严格实行企业化、标准化管理。2016年,亩均收入达到1.5万元,人均收入超过2万元。特别是吴中定的20亩国家级优质高效标准示范园亩均收入突破4万元,果农们喜洋洋叩开了致富门。

致富奔小康,永远在路上,吴中定留下了探索的脚印,一步步迈向成功之门。展望前景,吴中定更有自己独到的认识和看法,他认为实现农业现代化,必须进行土地流转,土地流转也是当下农业农村深化改革的着力点。

在他看来,加快土地流转以后,农业大面积机械化,可以减少现在一家一户经营造成的成本过高,降低人工成本,提高农业效率,增强农产品国际竞争力,为农民增收增效提供可能。

如何安排因土地流转而出现的富余人员,他觉得,国家举办各种形式的职业培训,结合当地种养殖业大户,做好"传、帮、带",强化农民的职业意识,培养新型农民。懂经营、会管理的农民,参与管理和经营;会开机器的农民,成为产业工人,服务农业现代化、产业化的大趋势;有能力开拓市场的,就负责营销策划。下一步,国家积极支持年轻人回乡创业,建设乡村旅游业,农业休闲、观光,美丽乡村一定会越来越好……一个农业大产业的构想初步呈现……

黄土高原"苹果王"吴中定践行"兴果富民"的中国梦,正是中国农业发展的生动写照与缩影,他是千百万农民的代表和典型,谱写了一曲现代农业发展的瑰丽篇章。

质与诚：猪圈火锅的取胜之道

——访重庆猪圈火锅创始人吴惠川

　　吴惠川，男，中共党员，药学科班出身，原在重庆大型公立医院工作，对中西药都有系统而专业的研究。2003年1月自主创业，成立了重庆第一家猪圈火锅店，十四载诚信经营，现在猪圈火锅饮食文化已在全国范围内推广，拥有100余家连锁分店，200多家加盟店，近4000名员工。中国高级营养师，重庆火锅协会副会长，重庆连锁企业精彩风云人物，是猪圈火锅饮食文化有限公司董事长、天锅香食品有限公司总裁。他一手创办了"猪圈火锅""天锅香火锅"和"御猪猪圈火锅"三个重庆著名的火锅品牌。猪圈火锅高度重视食品的健康安全，拥有自己的火锅底料生产厂，严格精选食材，广有美誉，有口皆碑，受到了业内同行和众多顾客的一致好评。

　　在笔者问起作为一名极为成功的优秀企业家，对年轻人创业有何建议时，吴惠川先生脱口而出："想当老板，先当好服务员。"他随之解释道："当下的全民创业热潮持续高涨，年轻人创业受到了环境和政策极大的鼓励，不少年轻人都有'老板梦'。但老板也不是那么好当的，产品质量是公司生存的根本，坚持诚信是发展的必然途径，你必须熟悉行业的每个方面，你必须精通运行的每个环节。"

　　吴惠川作为猪圈火锅饮食文化有限公司董事长、天锅香食品有限公司总裁，一手创办了"猪圈火锅""天锅香火锅"和"御猪猪圈火锅"三个重庆著名的火锅品牌，现任重庆火锅协会副会长，曾获得重庆连锁企业精彩风云人物的荣誉，他的事业无疑是成功的。纵观吴惠川的创业史，不难发现，他对时下年轻人创业的建议是具有真知灼见的，因为，质与诚，也是他修身立业的信条和不二法则。正是这样"做事业的情怀"，十年磨一剑，使猪圈火锅蒸蒸日上、声名远扬。

灵光一现，猪圈火锅应运而生

吴惠川大学学的是药学专业，大学毕业后，就职于重庆大型公立医院，在该医院的药厂工作了几年，对中西药的药性和搭配之道深谙于心。这样一份工作，薪酬可观，福利稳定，从任何角度看都是很不错的，但吴惠川并不满足于此。21世纪初，正值国内一波创业浪潮兴起，国民的事业心持续高涨。吴惠川回忆道，身边的亲友不少在沿海经济带上班打拼，一个人同时有好几份工作的很常见，白天上班做一份工，夜幕开启后又进行另一种工作。受他们影响，吴惠川也激起了浓厚的兴趣，决心多方发展，开拓一份自己的事业。

最初，他并不确定从事哪种行业。有一天，吴惠川上街散步，思索着创业的方向，忽然看见一份火锅店转让的广告，他突然福至心灵：火锅是重庆的地方特色，风靡全国，前景可观。开个小小的火锅店，初期10万到20万的投入也尚且可以承受，何乐而不为呢？然而，他的创业计划一出口，就遭到了家人的反对，大家一致认为目前的生活和工作都很稳定，投资创业毫无必要。

每一个创业者都有一颗乐于挑战的心。吴惠川也是如此，毫不气馁，坚持初衷，耐心理性地向家人进行了创业分析和劝导，最终使他们同意了自己的尝试。于是，拿着东拼西凑的创业金，吴惠川开始了自己的拼搏之旅。多年后的今天，谈起当时，他仍不无动情地说："虽然他们最开始反对，但改变了观念之后，一直给予我莫大的支持。家庭是最重要的，我非常感谢我的家人。"

初期，由于资金有限，火锅店只有一间500平方米的小小铺面，设备和装修也较为基础，乃至于除了一个卷帘门，正面连落地玻璃也没有。天凉的时候，开着卷帘门会冷，拉下卷帘门又有些暗，空气流通度不好，但生意并不冷清。当时火锅店的隔壁就是猪圈，食客们问："很好吃的那家火锅店位置在哪里？"去过的人会说在那个猪圈的旁边。时间久了，大家都直呼为"猪圈旁边的火锅店"。对此，吴惠川说道："最开始心里不舒服了很久,然而转念一想,'猪圈'二字很接地气,简单好记。以它为招牌,未必不是一种很好的广告途径。"萌生这个念头之后,他征求了很多新老顾客的意见,发现不少年轻人觉得"猪圈"新鲜有趣,并表示只要火锅好吃,这样的店名并不妨碍他们的喜爱。于是"猪圈火锅"就这样诞生了。视角造就机遇,转身遇到彩虹,"猪圈火锅"的由来,不仅是缘分使然,也是吴惠川敏捷灵活的思维力之下的必然。

挑战和发展,十年磨一剑

据悉,猪圈火锅店的底料为吴惠川本人配制。作为长年跟药打交道的专业人士,他深谙药性,对中药的配比掌控很有心得。针对火锅这种饮食的特性,他精挑细选了六种食材中药,经多次科学实验,调制出最优比率,加入到火锅底料之中,并始终坚持供应优质的食材,使猪圈火锅的味道与众不同。"现在市面上很多食品号称选取了十几味甚至几十味中药,以此博取大家对于其保养功能的认可,其实这是不可取的。太多味药材容易产生不良反应,在这里多多益善并不适用。猪圈火锅的底料加入的食物性药材要适度,六种里有清热解毒的,也有化油消脂的,相互搭配的效果很好。重庆火锅的特点是麻辣重口,不少爱吃老火锅的顾客反映说,别家的老火锅第一口吃下去,又香又麻又辣,看似很好,吃到最后嘴就会发苦,第二天也常常出现肠胃不适的现象。而猪圈火锅恰好相反,第一口可能没有那么惊艳,但越吃越香,而且次日肠胃很舒服,并不感觉刺激。"吴惠川如是说。

因为做事的用心和诚心,猪圈火锅店迅速发展,已从一间小小的店铺扩大为好几个店面。在消费者的认可和口口相传之下,知名度进一步提高,店外常常停着不少豪车。从一开始,吴惠川就是以一颗做事业的心来做生意的,此时,战略眼光极佳的他意识到时机已经成熟,于是着手准备商标注册工作。

他提交了"重庆猪圈饮食文化有限公司"的工商执照注册申请,不曾想,却遭遇了极大的困难和阻碍。第一次提交就遭遇了滑铁卢,地方工商局以"不够文雅"为由拒绝了注册。吴惠川虽然失望,却毫不愿意退缩:"火锅店顶着这样的招牌能做起来,消费者认可度又高,这就说明店名没有实质性问题。"他亲自前去当地工商局,找到负责的副局长,说明了情况,局长听了略有踟蹰,最后要求吴惠川写保证书,如果"猪圈"这个名字对社会造成不良影响,将无条件注销工商执照。就这样,重庆猪圈饮食文化有限公司终于办下了执照。

为了确保自己的品牌受到法律保护,他决定注册"猪圈"43类火锅商标。第一次经过近两年的等待,等来的却是被驳回的结果,理由仍然是不文雅。但当时"猪圈"火锅在全国已经有几十家了,开弓没有回头箭,吴惠川就第二次、第三次锲而不舍地提交申请,并专程赶去北京国家商标局反映情况。功夫不负有心人,在第三次长达五年漫长的等待之后,"猪圈"43类火锅商标终于注册成功,他情不自禁地为之流出了喜悦的泪水。

"我成功了!我想,好的火锅必须要用好的食材,特别是火锅之魂——'火锅底料',我再次决定注册"猪圈"火锅底料30类商标,这次很快就注册成功。为了保证火锅底料的品质和食品安全,我成立了重庆天锅香食品有限公司,专门生产猪圈品牌的火锅底料。"吴惠川说道。

虽然有过坎坷,但注册下来之后,猪圈火锅店迅速壮大,开始在全国范围里连锁和加盟,规模发展到了三百家之多。为了保证这么多家猪圈火锅能达到整齐划一的标准,严格保证优质的供应,2014年4月,吴惠川成立了重庆天锅香火锅有限公司,并投入五千多万的资金,在重庆最大的农业县垫江征集了20多亩将近15000平方米的土地,建立了猪圈食品厂,由从业近二十年的炒料大师严格监控和指导,每年可生产火锅底料4000余吨,产值高达1.5亿元。目前主要生产牛油浓缩火锅底料、清油火锅底料、无渣红油火锅底料、鱼火锅底料、复合调味品等产品。如今,除了为遍布全国的直营店和加盟店提供统一底料,也面向市场进行线上和线下销售,在淘宝网等各大网站都有供货。

质量与诚信:做大事业的根本

"对于产品,我的第一宗旨就是质量,做食品行业一定要重视食品安全,即便没有食监局规定,我也要求并且追求食品安全的绝对达标。十几年来猪圈火锅始终坚持这一点,这是我们发展的根本。"吴惠川斩钉截铁地说。

对于企业的发展模式,他谈道:"企业的出发点不一样,选择就不一样。我父亲是经历过抗日战争的老干部,刚、硬、诚、直,这是我家的家风,所以我的性子也是如此,比较老派。对于企业发展,我们猪圈火锅奉行'做事业而不是做生意'的情怀,不讲究发展速度,不追求一味扩张,而是步步为营,按照企业的真实实力稳健发展,从不贷款,从不欠款。我重视稳健,因为我要对几千名员工负责,让他们在公司有良好的发展;我要对社会负责,我的产品卖出去以后不能有任何质量问题,食品安全必须严格达标。我要做事业,就要有做事业的诚意!"

2017年7月份,猪圈火锅长期合作的食材供应商对吴惠川直言:"今年不敢再供货",因为农副产品有季节性,新椒未出,彼时供应的用于炒制火锅底料的辣椒已是去年的尾货,作为老供应商的他们知道猪圈火锅的进货标准之高,所以"不敢供货"。于是吴惠川只好另找供货商,每斤辣椒加了两元钱的进价,要求对方挑选最优质的辣椒。猪圈火锅的经营之道由此可见一斑。

"质量和诚信是重中之重,高于一切。我们赚钱的原则是合情合理合法,所以正常的利润一直只有百分之十几,但求无愧于心。食品行业就是要诚心老实,斜的歪的什么都不要想,什么都不能想!很多人认为我们是靠底料配方取胜的,其实不是这样,我们的配方没有特别保密,也会把底料卖给别的火锅店——配方是我们的特色,却不是重点。我们做得好,在于始终保证最优质的食材,十几年如一日坚持着,从没松懈过。要诚信!要保证质量!我想成功的企业到最后都是这一句话,没有任何别的窍门!"

猪圈火锅的企业文化精髓,如吴惠川经常说的,在于"以人为本,以产品质量为荣",坚持质量和诚信并重,追求员工和公司双赢。在时代的感召下,质与诚的持守,不仅使猪圈火锅从重庆5万多家火锅店中脱颖而出,也使董事长吴惠川先生显现出大国企业家的工匠精神和实干风范。相信在他的手中,猪圈火锅的未来将继续勇攀高峰,更加如火如荼!

用"不服输"的精神来创新

——访上海瑞柘环保设备集团有限公司创始人孙永忠

　　孙永忠,上海瑞柘环保设备集团有限公司创始人。2006年大学毕业后他先后从事商标注册、知识产权代理及销售工作。2008年开始创业,经历无数困难,逐步成长壮大,将公司发展成为集设计、研发、生产、贸易于一体的企业公司,拥有厂房面积8000多平方米,10余台CNC四轴同动数控加工中心及40余台其他加工设备和检测设备,高级工程师10人,专业技术人员30余人。公司先后被政府授予"守信用企业""先进文明单位""中国质量万里行质量信誉之星金牌展示单位"等荣誉称号。

　　在环保设备领域,也有一位年轻人,在没有资金、背景、人脉,甚至不懂业务的情况下,凭借这样一股"不服输"的精神不仅站稳了脚跟,还将企业发展壮大成行业的翘楚。面对上海瑞柘环保设备集团有限公司创始人孙永忠,了解他的人都会竖起大拇指,说上一个"牛"字。

误打误撞进入环保设备领域

　　2006年,汉语言专业毕业的大学生孙永忠没有选择回到家乡苏北,而是来到经济较为发达的昆山,因为他心中有一个梦想,那就是要通过奋斗要在真正的市场中学到本领,改变自己和家庭的命运。

几经坎坷之后，孙永忠应聘到一家公司，从事商标注册和知识产权代理工作，面对新领域，他丝毫没有畏难情绪，而是从最基层基本的岗位做起。由于人勤快又机灵，同事们都很喜欢这个小伙子，每当他问什么问题总会耐心地给他解答。勤学好问的孙永忠很快就被老板看在眼里，有意让他多锻炼。

为了提升自己的能力，孙永忠又跳槽到了一家台资企业从事销售工作，这家从事环保行业的企业对孙永忠来说是完全陌生的，甚至说是一张白纸，面对客户的咨询和疑惑，他一句话也答不上来，大家都认为这个小伙子会很快辞职。可是孙永忠却没有被困难吓倒，他又再一次凭借着"不服输"的精神一头扎进了生产车间，从一台台风机开始研究，从一个个零件组装开始学起，很快孙永忠就全部掌握了产品的构造和性能，为了更好地销售产品，他还到售后部门了解情况，跟踪产品的性能和用户评价。

在这种"不服输"精神的拼搏下，孙永忠不仅很快在销售领域取得成功，而且赢得了一大批客户对他赞不绝口的评价。随着销售业绩的越来越好，看到国家对环保问题越来越重视，孙永忠在充分考虑之后，决定出来创业。

和公司另一个同事经过商议之后，两个人合作开始了创业之路。2008 年 4 月，孙永忠向姐姐及其他亲戚借了钱之后，加上自己的积蓄注册成立了上海瑞柘环保设备集团有限公司。

公司成立之初，凭借着在销售上积累的人脉和经验，孙永忠和同事把公司经营得有声有色。虽然辛苦，可是想到创业之初都是这么艰难，两个人便也不觉得疲惫，而是齐心合力努力让公司朝着良性化的轨道上发展。

可是，好景不长，2008 年下半年，金融危机席卷全球，孙永忠这个刚处于发展初期的小公司也不能幸免。客户的钱收不上来，供货商又催着交款，眼看着资金链就要断裂了，当初筹集的 25 万元资金转眼间也只剩下了 12 万元。

事后，孙永忠回想起这段时间，觉得真是自己最艰难的时刻，胜过于大学期间的供自己上学，胜过打工初期全身只剩下 5 块 6 毛钱，那个时候，每天战战兢兢如履薄冰，生怕再加上一根稻草，自己就再也撑不下去了，自己的公司就彻底破产了。

"不服输"的精神让他做大做强企业

面对公司的窘境,合伙人退缩了,几次劝孙永忠放弃算了,可是天性不肯认输的孙永忠总是觉得只要还有一丝希望,就要全力去争取、去打拼。

快过年的时候,一位客户终于答应给他们结款1万元,两个人兴高采烈地带着钱挤上了公交车,却不料书包被小偷划破,钱被街边的一个小商贩捡走了。孙永忠在好心人的指点下,终于找到那位小商贩并要回了钱。面对失而复得的1万元钱,孙永忠感慨不已。可是合伙人却在经历这件事之后决定要放弃事业,与其这么劳心费力倒不是安安心心地去打工。面对合伙人的退出,孙永忠决意一个人也要朝前走。

当孙永忠晚上一个人躺在床上,脑海中回想起这段日子经历的事情,像是一幕幕电影般闪过,可是感到心酸时他又想起勤工俭学的那段日子,想起最初从事销售的日子,甚至想起了那些白手起家创业者的故事,心中那一股不服输的劲头又油然升起。

金融危机面对的是整个市场而不是针对自己,要让自己学会在劣境中逆行成了孙永忠最深的感触。

在这种信念和精神的指引下,孙永忠打起精神,付出比以往刻苦的努力,和供应商沟通,提供最优良的产品;和客户沟通,获得最信赖的支持。在孙永忠的坚持下,不仅原来的客户更加信任他,甚至又增添了许多新的慕名而来的客户。到了2009年底,孙永忠几乎抓住了同类产品的所有客户。

通过这件事情,孙永忠体会到遇到不利,不要气馁更不要放弃,想办法把不利变成自己的发展期才是最重要的。与此同时,孙永忠开始打造自己的品牌。

为了让瑞柘这个牌子在市场上站住脚,赢得客户信赖,孙永忠又开始了创新品牌的深耕之路。他精挑细选找到最佳的供应商,打造自己的设计团队,构建企业销售团队,利用更好的工具和更优质的产品、更贴心的售后来开创市场。

在孙永忠的带领下,上海瑞柘环保设备集团有限公司生产销售包括罗茨鼓风机、沉水式鼓风机、水泵设备、供氧曝气设备等产品。他们吸取德国先进的罗茨鼓风机设计经验,并根据中国行业的特点加以改良,产品具有噪音低,精度高,体积小,高效节能,寿命长达15年等优点,广泛应用于污水处理、气力输送、物料输送、真空包装、电力化工、食品、建材等环保行业和部门,并远销美国、日本、东南亚等十几个国家和地区。

正是通过孙永忠及公司员工上下齐心的共同努力和为客户着想的服务下,"瑞柘"这个品牌的多款产品不仅填补了国内空白,而且带动和引领了行业的技术创新。

"无论我自己做多么好,都是单打独斗,一定要大家都能提供优质的环保产品,我们的环境才能变得更好",面对别人的不解,孙永忠坦诚而又大度地如是说。在他看来,公司的生存已经不是问题,发展也是规划之中的事情,而放眼全国、引领环保设备行业发展才是自己心中构建的格局和梦想。

努力实现自己心中的"中国梦"

经历了市场的洗礼之后,孙永忠的"瑞柘"品牌成为行业内优质产品的代名词。2014年,为适应市场需求,瑞柘集团公司不断提升研发和服务能力,同时成立了上海区销售中心——上海龙铁和上海黑伟机械,先后为五月花纸业、格力空调、樱花卫厨、富士康集团等200余家大型企业提供了出色的罗茨鼓风机及专业选型、安装等服务,产品足迹遍及全国200多个地州市,成为国内领先的罗茨鼓风机制造商。在建立遍布全国30多个省、市、地区销售的同时,也建立起了相应的售后服务,更大限度地解决了客户对产品质量、技术咨询、售后服务等问题。

事业的不断成功之后,孙永忠开始开始将更多的目光放在环境和环保事业上。针对不同的生态环境设计出最符合的环保设备,无论北方还是西部,只要对社会有价值,孙永忠都毫不犹豫地支持研发团队开展工作。

除了技术投入大量资金外,无论销售还是售后,甚至是财务和人事部门,孙永忠都要求他们不断进行学习,为此,每年公司都要列出不菲的学习费用。

此外,在每个团队和公司整体团队的打造上,孙永忠还提出了要用有三种精神的人,一是能吃苦,肯靠自己的努力而不是投机取巧的人;二是懂感恩,不仅要感恩朋友、客户,还要学会感恩对手、敌人,只有这样才能从对方身上学到本领,才能快速成长;三是肯无私,公司的目的就是要赚钱,但是赚钱不是唯一目标,要把环保事业当作首位,要对改善环境做到无私的付出。

正是在"思想统一、目标统一、行动统一"的倡导下,孙永忠和上海瑞柘环保设备集团有限公司牢记"为改善人类的生存环境而奋斗不息"的使命,怀着"打造世界一流环保设备企业"的愿景,不断地努力着、拼搏着、奉献着。

2016 年,公司布局从"设备供应商"到"废水处理整体解决方案提供者"的升级发展,成功组建水处理专家团队,面向污水处理、污泥处理、河道净化处理等方面提供技术诊断、提标改造、设备维修维护等服务。同时大力发展配套市场,针对客户个性需求专门研发高度匹配的配套用水泵、罗茨鼓风机等设备,实现客户利益更大化。2017 年更是提前完成了 2000 万元的销售目标,面对明年销售翻倍的计划,孙永忠则侃侃而谈起员工,"我就是要搭建一个平台,让员工用产品为社会做出服务,而我要对所有员工负责,承担起一个企业家应有的担当。"

"为环保而生,为人类而存,为员工而富,为客户而强"是上海瑞柘环保设备集团有限公司的核心价值观,更是孙永忠个人不懈的追求,因为在他心中,有一个更加美好的愿望,那就是要让更多的人重视环保,让天更蓝、水更清,让自己的努力去改变更多人,在绿水青山中实现金山银山的"中国梦"。

初生牛犊不怕虎　志存高远绘蓝图

——访马鞍山塑颜商贸有限公司创始人孙鹏

> 孙鹏,1992 年出生,江苏徐州人,马鞍山塑颜商贸有限公司创始人。高二起,开始兼职做卖书生意,大学毕业后,先在浙江奉化一家船企工作,后去了南京,开始做美妆行业工作,2012 年若薇品牌注册,2017 年成立马鞍山塑颜商贸有限公司,同步组建若薇面膜营销团队。

改革开放 30 年来,中国化妆品市场销售额平均以每年 23.8% 的速度增长,最高的年份达 41%,增长速度远远高于国民经济的平均增长速度,具有相当大的发展潜力。化妆品的流通渠道也在发生非常大的变化,特别是零售终端发生着前所未有的深刻变革。"十二五"规划把消费提到了前所未有的高度,消费有望成为推动经济增长的最大驱动力。妆容的精致直观展现了一个人的精神素养,更是个人魅力的体现,化妆品零售业的发展与创新大有可为。

孙鹏审时度势,凭借敏锐的眼光捕捉到美妆行业的商机。虽然他并不是美容行业出身,但勤奋、好学的他在从事美妆工作的同时,积累了丰富的经验。虽然是 90 后,但他却具有豁达的胸怀、活跃的思维、敢拼敢闯的韧劲和魄力。

审时度势　运筹帷幄

孙鹏,一个 90 后创业者,在 90 后日益成为中国各行业主力的今天,他也要成为

90 后努力奋进的典型。多少年的行业践行,用心执着的学习,让他在工作的过程中,慢慢成为一个行业资深人士。说起孙鹏的创业经历,要从高二说起。当时,念高二的他看好学校图书市场,顺势做起了卖书生意,挣到了自己的"第一桶金"。虽然钱不多,但创业的火苗已经燃起来了。虽然他做起了生意,但学业并没有耽误。他勤奋好学、聪明伶俐,读起书来也并不逊色。通过努力,他高考考取了录取比例很低的"船体工程"专业。一毕业他就被一家船企看中,做起了上班族。稳定的工作,优越的家境,似乎一切都很完美,然而,孙鹏并不是一个得过且过的人,这不是他想要的生活。

孙鹏曾说,在船厂,从领导层到职员体系很完整,无论职位,还是职责都很固定。在这里,你可以看到三年至五年,甚至 30 年之后自己的生活和状态,这样的工作让人没有激情和动力。一个人的生活环境和接触的人群会影响一个人的想法。他不想拿着固定的工资,守着自己的一亩三分地,他开始分配时间考虑自己需要做哪些工作、朝哪个方向发展。

于是,孙鹏毅然辞去了船厂稳定的工作,来到了南京,一边找工作,一边寻找自己创业的方向。刚到南京时,他在一家制冷机械公司做生产计划调度工作,但在他的内心深处一直有创业的想法。2015 年,正值美妆行业大爆发,孙鹏觉得自己找到了今后发展的方向。从行业技能学习和知识的积累,到创业方向的确定已经团队的组建,他花费了整整两年的时间。每个人的青春都是不容忽视的,对他来说,花费几年的时间在思考和准备一件事,代表了他的态度和决心,从注册若薇品牌到组建团队,孙鹏一开始就是在做一个属于国人自己的美妆品牌。2017 年,经过多名专家研究实验,若薇首款面膜成功面世,塑颜商贸有限公司也正式宣布成立。

攻艰克难　独具特色

其实,孙鹏在进入美妆行业之前,他对美妆行业有足够的误解,仅仅认为美容行业是比较暴利的行业,对想要赚钱或创业的人来说,诱惑力是很大的,但是,在接触和了解了整个行业现状之后,他的观念发生了很大的变化。美妆行业起源于于中国,比任何国家美妆行业都要完整和悠久。虽然现代美妆市场都是被欧美品牌牢牢占据，但是谁都不能否认中国美妆所蕴含的底蕴。

同时，自古中国先贤便有"衣食足而知荣辱，仓廪实而知礼节"的词句，反馈到现代人生活的自身。中国的经济面貌对比以前有了长足的发展，国人的生活水平也有了极大的提高，从生活的满足到精神和个人外貌美的追求，是一个趋势，也是一个必然。美容行业的存在和近年来的野蛮发展，也正是这种趋势的验证和体现。

有了这些新的认识的改变，和孙鹏对美容行业的透明度和深入度，他觉得他自己不是一个行业弄潮儿，而是美业的一股有担当，有原则的新力量。孙鹏创办公司，一方面可以实现自己的财务自由；另一方面针对人们对美容行业的误解，以及假冒伪劣产品对行业的冲击，他就想做一款真正具有性价比，更多的人可以买到价格合适、质量上乘的美容产品，真正扭转人们的误解，将美的观念置入人们的心田。

任何创业者的创业路都不是一帆风顺的，荆棘和坎坷与其相伴。孙鹏的创业也并不例外，困难让他学会了坚强，挫折使他茁壮成长。谈到创业遇到的困难，孙鹏若有所思："创业的困难多种多样，其中，最重要的就是资金问题。即使之前觉得自己预算充足，真到开始创业，还是发现不够。而资金链断裂也是大多数初创公司失败的原因。除此之外，人才短缺、生产延误、销售惨淡，都是会压垮企业的最后一根稻草。但是，遇到问题，解决问题才是思路，而不是把困难夸张，所以，我始终坚持，暂时的挫折并不能打垮我创业的决心。再一个困难是产品定位。产品定位不好对所有的步骤和程序影响都非常大，创业之初我们设计产品，到现在还在思考产品定位问题。我们产品品牌是若薇，但是这个品牌的知名度很小，很多人对这个品牌还很模糊，甚至没有这个概念。"如何定位，既可以让消费者接受，又能够成为这个品牌的传播者，这个是一个极大的挑战。

"若至兰台下，还拂楚王襟"和"不向东山久，蔷薇几度花"是孙鹏最爱的两句诗。这个意气风发的年轻人心中始终珍藏着这样一份文艺情怀，而这也是"若薇"品牌的底蕴所在。"若"和"薇"都是草字头，蕴含了草木、自然的特性，寓意是从自然中来到自然中去，产品不含有对人体造成任何伤害的化学物质，更没有为了让皮肤达到立竿见影的效果而加入了激素、重金属的东西。所以,这种产品没有足够的性价比,相反价格偏高,因为"一分价钱一分货",国人自己的东西才是好东西,亲肤、自然、持久、无损伤、无负担,高质量,才是追求。在日韩美妆产品大肆吞噬中国市场的今天,孙鹏坚持做民族品牌,立志要将国货做大做强,这份坚持让人不禁想到鲁迅先生所说的"民族的脊梁",正是有千千万万这样有民族自豪感的 90 后,相信我们今后会有更多更好的民族品牌被世界所认可,被时间所铭记。

"若薇"是孙鹏主打的品牌,但为了做出自己想要的产品,他会找知名的、技术水平高的工厂给他们加工,产品生产出来后,他们会进行包装、销售、搜集客户信息。在销售方面,由于专业线有一定的限制,他们现在做的是日化线和微商,电商渠道,当问到他们公司产品的优势时,他笑着说"若薇产品没有优势,要说有,那只能是,我们比美白的产品更保湿、比补水的产品渗透更深、比渗透的产品更亲和",可能这就是他们产品的特色吧。

任重道远　憧憬满满

说到自己的产品,孙鹏如数家珍。在各类三无产品占据市场的今天,做一款针对国人自己的面膜,并不容易。若薇团队针对爱美女性,主打极致亲肤型面膜,将补水、锁水这项功效做到极致。据孙鹏所说,公司前期运作以线下为主,区域、个人代理以及美容院、日化店渠道一并打通,既有利于收集用户反馈信息,也为产品铺开全国市场打下基础。同时,看好了电商发展,孙鹏不甘落后,立马布局了企业的电商蓝图,首站选在大众熟知的淘宝开设企业店铺,有企业资质做担保,与市场上的三无美妆产品区别开来,进一步拓宽了市场。

据孙鹏所说,他们主打的产品是若薇清润透嫩水感面膜,这种面膜市场定价是128 元 / 盒,而为了推广,在线上进行体验使用活动,登录他们的淘宝店铺可以看到活动详情。面膜一盒有 6 贴,每贴成分是 30 毫升,包含忍冬、连翘、莲子等,具有美白功效,另外,还经营洗涤剂、牙膏、洗化剂、乳霜、水乳霜,起到洁面、护肤的功效。目前,他们研发的还有手霜、面霜两款产品,准备投入生产。

孙鹏认为,实体经济业主不是没有互联网的概念,而是诸多因素限制了他们进行实体经济的改革和转型。但是在互联网时代,如果他们继续以自己的营销模式来赚钱,而不是以新业态下互联网为载体,不具有精准的服务、体系和整合来扩大自己的服务内容,这类实体经济必然会随着市场的发展慢慢被淘汰,比如说支付宝,有的门面有、有的门面没有,那它的消费群体就会相差很大。

工匠精神刻在每位企业家的灵魂里,如果你有做好这件事情的精神,就一定能把这件事情做好。作为企业家,一是要诚信和具有牺牲精神;二是要有专注度,做到极致。这种诚信的例子很多,比如,孙鹏和工厂合作就是其一,如果没有彼此的信任,工厂就不可能以孙鹏提供的意见来提供配方。虽然以后的路会很漫长、也会很坎坷,但孙鹏将至死不渝地坚持诚信做人、诚信做事的原则,服务好每一位消费者。

对于年轻人择业和创业,孙鹏根据自己的切身经历给出了忠实的指导和建议。孙鹏认为,对于刚毕业的大学生,如果不经过社会的洗礼,他的身体和精神层面是没有办法承受创造财富所带来的问题,所以,一定要走入社会,对所选的职业有一定深入的了解和学习,根据自己的经验和别人对自己的建议以及忠告再选择自己真正要走的方向。创业并不美好和高尚,真正高尚的职业是教师、科学家和医生,他们应该受到社会尊重。创业有的是实现自己的财富自由,有的是改变行业状态,实现自己的人生价值。在社会中历练自己,才会有更大的成就和作为。

对于未来,孙鹏充满了憧憬,五年以后,他会完善后勤、生产、销售、策划、营销团队的人员架构,也会将经营的方向、渠道、门面、线下治理得更加完善,营业额也会达到与知名品牌比肩的业绩,这是孙鹏期待的,也是大家想看到的,我们相信孙鹏的事业会蒸蒸日上,公司也会做得越大越强。

中国大地上腾飞起汽车制造行业的巨龙——金洪

——访吉林金洪汽车部件股份有限公司董事长曲金良

曲金良,1989年毕业于从长春工业大学机械制造专业,同年进入中国一汽吉林汽车公司工作,从实习生做到公司副总。2005年创建金洪汽车部件股份有限公司,现任公司董事长。

中国经济的快速发展,使得越来越多的企业和企业家脱颖而出,星光闪闪,这其中颇为耀眼的一颗就是吉林金洪汽车部件股份有限公司及董事长曲金良。

曲金良,舍弃国企的高管职位及无可限量的仕途前景,成为从零打拼的创业者。其公司在他及团队的打拼下,短短十余年便拥有了傲人的成绩:拥有六大生产基地、九家工厂,跻身一汽大众汽车公司供应商行列,成为汽车零部件行业的龙头企业,发展成为一家集研发、生产、销售汽车车身试制件、零部件、模具等产品为一体的现代化民营股份制集团企业,并走向了国际化。

今天,让我们重走金洪的昨天和今天,展望一下它的明天;让我们聆听一个拥有社会责任感的企业家的使命和精神,以及打算如何创造一个百年金洪……

从国企高层到创建"金洪"

1989年,曲金良从长春工业大学机械制造专业毕业,进入中国一汽吉林汽车公司工作,从实习生、技术员、工艺员做到技术主任、技术科长、技术厂长等管理岗位,公司合并后,他又成为公司的常务副总。

一汽是当时中国最大的汽车公司,代表着中国汽车制造行业的最高水平,经常跟国外知名汽车公司如德国大众、日本丰田合作。在合作的过程中,曲金良发现,许多汽车核心技术都掌握在国外跨国公司手里,而中国汽车品牌的研发能力却非常弱,许多技术课题都有待攻克。恰好这时,一汽集团进行改制,曲金良在慎重思考之后,决定放弃走仕途的机会,出来创业,为中国汽车核心技术的研发做一点事情。

2005年,曲金良带了几个技术人员出来创建了金洪汽车部件股份有限公司。他们的起点非常高:以产品开发为核心竞争力,以在一汽工作多年积累的技术能力和管理能力为核心能力,瞄准国内汽车制造的重要技术——车身的开发。

几乎所有的创业者起步都是艰难的,金洪也不例外,"房无一间,地无一垄"就是那时真实的写照。厂房只能租赁城郊的房子,资金更不容易筹集。银行贷款不可能,因为没有东西可以做抵押。曲金良就利用自己和团队的管理优势及资源四处融资,为此还参加过2007年央视的"赢在中国"栏目,把金洪的创业项目、盈利模式、未来的发展战略跟投资人讲清楚,让投资人理解并信任自己做的事情。最终,他们拿到了投资,成立了股份制企业。

为了吸引到人才和增加人才对金洪的忠诚度,曲金良采取精神激励,给大家描绘蓝图,让大家跟他一起去追梦。但光画饼充饥不行,还必须给员工实实在在的待遇。为此曲金良把自己股份的20%分给他们,虽然他的股份因此被稀释得不少,但吸引到了人才,增加了团队的凝聚力。

在开拓市场方面,曲金良首先做的是给企业定位,规划好企业的发发展方向,才能更好地去创造产品和开拓市场。曲金良给金洪的定位是,不仅是一个提供产品的公司,更是一个提供解决方案的公司。和竞争对手相比,金洪的优势是在一汽工作过,有最好的技术和管理经验,能给顾客提供整体的产品解决方案和研发方案,这是顾客最需要的。为此,金洪团队深入到顾客中间,免费给客户做方案,得到他们的认可后,自然也就拿到了项目。通过这种方式,金洪逐步打开了市场,从主动找客户变成了客户主动找金洪,和客户之间形成了不可或缺、互相依赖的关系。

由于创业初期的问题解决得好,金洪的成长性非常好,此后一路稳步发展。

全方位打造金洪硬实力

一个企业能走多远,能发展得多大,在于它拥有多大的实力。金洪是从以下几个方面来打造自己的实力的。

(1)产品创新。采用铝板成型、热成型、激光拼焊板等技术减轻车的自重,实现节能环保。结构部分优化并采用变截面后可实现减重并降低油耗,实现公司跨域式发展;金洪承接了大众多个试制件项目,通过对传统制造工艺的优化与评审,采用新工艺快速件成型工艺,高标准完成项目任务,降低成本;一汽大众捷达曾有一个部件问题频发,两家国内知名供应商都没有从根本上解决这个问题。金洪仅用四个月就提前完成该零部件的研发,彻底解决了噪音问题。使该部件的成本由原来的100元降为现在的10多元钱,整车利润提升1个亿。

在产品的创新和质量把控方面,曲金良说:"产品不是检验出来的,而是遵守企业标准制造出来的,每一个员工在制造过程中严格遵守工艺技艺,才能制造出优良的产品。而且,在前期的工艺开发和策划阶段就已经决定了自己的产品是不是世界一流的。"

(2)设备升级。为降低员工劳动强度,提高生产效率,金洪花大力气致力于设备改造。对于螺母焊接工序,做好前期控制,采取自动防错技术,避免了漏焊,工序实现检查员免检。原单工序的冲压设备连线生产,采用自动上料机,序间采用传输带周转工件,提高了工作效率。采用高速冲床及Fransfor生产线,运用多工位及连续模达到高效优质的生产,实现在Fransfor和连续模传送尾端进行可自动码放功能。

(3)软件系统。金洪采用了OA办公系统并斥资近百万元安装了云桌面系统,实现了集团和子公司网上联合办公,大大增强了西班牙公司的即时办公与信息交流。又斥资百万余元签约了源自美国infor的ERP系统,可实现PLM追溯性管理及全面系统的企业管理。同时和德国专家在多台设备上通过了 MES 系统的联合测试。

（4）智能工厂。金洪积极筹集资金加大智能化和自动化制造技术的研究及应用。在建的天津工厂将打造为金洪股份的标杆企业，建成质量稳、效率高、成本低的智能化、数字化及自动化的现代化工厂。公司采用智能化焊接工作站、智能机器人，增加防错传感器，实现智能化防错。物流采用潜入式 AGV 小车，可自动充电，自动检测障碍物。目前，金洪吉林工厂全国智能制造示范车间已成为国家正式命名的第一批试点车间。

（5）合资合作。公司与德国 Salt and Pepper 公司合作，聘请德国团队管理公司。还聘请来自德国、加拿大的模具设计专家，与德方建立了长期的合作关系，承接了多个模具设计项目，模具业务出口巴西和德国。并先后为美国通用汽车零部件供应商提供模具零部件及机械加工专用夹具零部件，与德国不来梅的 Salt and Pepper 技术有限公司进行技术开发管理合作，与美国 LODESTONE GROUP（诺士东）集团签订战略合作协议，与西班牙 Segura 公司在吉林建立了合资公司。

（6）人才培养。金洪从内培和引进两方面来培养高端化的国际化人才。如从新入职的大学生中培养新生力量，建立良好的人才储备。如多次对管理人员进行培训，在2017 年派出五名管理人员到西班牙 Segura 公司学习。金洪给员工的的待遇也是同行业中较高的，高管的年薪最高的 60 万，最低的有 30 万。

（7）质量认证：公司通过了 TS16949 质量认证和 CCC 认证、ISO14001：2004 环境管理体系认证、GB/T28001-2011 职业健康安全管理体系认证，是一汽大众的 A 级供应商、模具供应商、车身试制开发供应商。公司具备年产 10 亿元产值的生产能力，有 30 多个专利通过了国家认证，在一汽大众的每一个产品都是免检的。

通过全方位的打造，金洪形成了过硬的产品品牌，拥有了不容小觑的实力：跻身一汽大众汽车公司供应商行列，成为汽车零部件行业的龙头企业，发展成为一家集研发、生产、销售汽车车身试制件、零部件、模具等产品为一体的现代化民营股份制集团企业，并走向了国际化。

金洪集团的战略性发展

　　企业的强大和长远发展,不仅依靠微观的打造,还有赖于宏观的规划。金洪自成立之初,就有一系列的战略布局和宏观规划。

　　(1)盈利模式。金洪的盈利模式包括三个业务单元:生产汽车零部件为整车厂配套服务,赚取一部分制造利润;生产开发零部件所需要的装备、模具、生产线等,金洪有两个工厂是一汽大众的模具供应商;整车车身的研发,金洪是一汽大众国内唯一一家汽车车身的指定供应商,一汽大众未来两到三年上市的新车的车身都由金洪来做,这方面是金洪未来比较好的产品战略转型点。后两个单元是金洪的核心竞争力。

　　(2)战略规划。金洪的战略发展分为两个阶段,前五年是初创阶段,分别在产品、人才、市场、品牌方面努力经营,以求在市场中拥有一己之地。后五年是快速成长期,在管理流程、产品定位,人才培养等方面精益求精,以求在行业中拥有较高的水平。目前这两方面都已完成,从今年开始进入二次创业期。这个阶段主要是利用互联网大数据研究新产品的开发、用户数据的收集,通过大数据O2O的形势,跟消费者线上线下打通,让企业真正快速发展起来,成为一个国际化的企业。

　　(3)风险控制。企业的发展离不开正确的决策,如果规避决策风险?曲金良说:"决策不是由我来做,而是由我提出来,经管理团队共同讨论、达成共识。为规避决策风险,我们建立了两个防火墙:一是资金的防火墙。就是不管任何一个项目失败,都不会出现资金断流和公司无法运转的情况。二是管理的防火墙。重大决策全部要经过公司高管讨论,论证各种利弊,最终做出决策。有了这两个防火墙,企业就像上了保险一样,不会出现很坏的结果。"

　　(4)发展目标。金洪有四个企业发展目标:实现集团化管控,真正实现同一个金洪、同一个理念、同一个梦想;实现信息化管控,提升公司未来的智能化水平和互联网技术的高度融合;实现国际化的金洪和产品的升级换代,打造国际化人才,与跨国公司合作,收购一些国际上先进的企业,将世界上先进的前沿技术为金洪所用;三年之内完成IPO。金洪要真正走入资本市场,实现在创业版上市。

（5）企业文化。公司成立了党务办公室，开展了思想教育作风整顿等一系列活动和"做金洪人，兴金洪业，享金洪益"的专题大讨论，进一步坚定信念、转变工作作风、提振精神状态、理顺内部关系。通过建立企业文化，增加了员工对企业的认同感和凝聚力。

（6）规模发展：目前金洪在全国汽车分布比较广的六个生产基地创建了九个工厂，分别是为吉林长春做配套服务的三家吉林工厂，为沈阳宝马做配套服务的辽宁工厂，为整个京津冀地区如一汽大众、奔驰做配套服务的天津工厂，针对日系整车厂配套服务的郑州工厂，针对西南地区和重庆汽车产业的两家成都工厂，以及东莞工厂。

现在，公司的战略规划是一方面把平台建设好，另一方面是通过运营资本市场让公司更健康、平稳发展，有更多的后续资金去搞新项目的研发。

通过一系列整体布局及战略规划的实施，金洪得到了快速、高效、平稳的发展，年收入从最初的 200 万增加到现在的 5 个亿，未来三年将达到十几个亿。

担起企业家的社会责任和使命

在公司不断发展壮大的同时，曲金良也没有忘记企业和企业家应该承担的社会责任。金融危机时，公司不但没有裁员，还安置了大量的失业人员。2017 年永吉县特大洪灾时，金洪在组织企业自救的同时，积极协调政府部门帮助园内受灾企业度过难关，并号召集团及子公司捐款二十余万元资助受灾员工。曲金良个人还被评为抗洪抢险三等功先进个人。在低保家庭救助、失学儿童救助、捐资修路等方面，金洪也贡献了自己的一分力量！

对员工的关怀也是温暖备至，金洪开展了金秋助学活动，为参加高考获得优异成绩的员工子女和困难家庭员工子女发放助学金。这些举措，让员工真正感受到了来自金洪这个大家庭的温暖。

曲金良还担任了市人大代表、市工商联副主席、县企业家协会会长等职务，在地方经济建设、软环境建设等方面建言十几次，为人民发声、为社会发声，真正承担起了一个企业家应该承担的职责。

曲金良说，做一个有社会责任感的企业家，是基于第十九次全国人民代表大会上习近平总书记提出的企业家精神，他说："企业家精神非常重要，企业家需要引导正确的企业文化，要有真正的社会担当，每一个企业如果都能为国家分担，都能为国家经济做贡献，中国的经济就会更好。"

他也提到了工匠精神，就是精益求精地打造自己的产品，树立自己的品牌，把自己的品牌变成优秀的中国制造。工匠精神还是十年如一日坚持做好一件事。中国的民营企业家和制造业若想走向世界，工匠精神必不可少。

提到最想感谢的人，曲金良首先感谢了自己的投资人和股东，每次公司做重大决策时总是高票通过，这是投资人和股东对公司高管的信任。其次要感谢员工，再好的决策和战略规划，如果不能很好地落地执行，就不可能实现。最后他感谢了金洪的客户、供应商及合作伙伴，他们在产业链上是和金洪共荣共生的，没有他们金洪不可能走到今天。

作为一个成功的创业者，曲金良最想对即将创业的人说的是：首先要知道自己的盈利模式是什么，这个模式能不能支持你走下去，能不能得到投资人的认可。其次，坚持很重要，光有创业激情和梦想是远远不够的，还要有抗压的能力和耐力，成功不是赢在起跑线而是赢在能不能走上峰顶。创业路上的各种困难，要提早想到应对措施。

金洪已走过 11 年，未来还会走过更多个 11 年，金洪必将坚持诠释并传承金洪的使命：为客户搭建腾飞舞台，为员工成就理想人生，为行业树立成功典范，为社会缔造百年基业，为创建百年金洪不懈努力！

匠心筑梦　创造辉煌

——访重庆恒弘家具制造有限公司董事长聂榕

聂榕,重庆家具行业协会执行会长、重庆市家具商会副会长、重庆市室内设计企业联合会副会长,重庆恒弘家具制造有限公司、重庆恒弘装饰设计工程有限公司董事长。

　　曾经,工匠是一个中国老百姓日常生活须臾不可离的职业,如木匠、铜匠、铁匠等,各类手工匠人用他们精湛的技艺为传统生活景图定下底色。随着农耕时代结束,社会进入后工业时代,一些与现代生活不相适应的老手艺、老工匠逐渐淡出日常生活,但工匠精神永不过时。

　　当今社会心浮气躁,追求"短、平、快"带来的即时利益,忽略了产品的品质灵魂。企业要想在长期的竞争中获得成功,就必须具备工匠精神。当其他企业热衷于"圈钱,做死某款产品,再出新品,再圈钱"的循环时,坚持"工匠精神"的企业,依靠信念、信仰,看着产品不断改进、不断完善,最终,通过高标准历练之后,成为众多用户的骄傲。重庆恒弘家具制造有限公司(以下简称"恒弘")就很好地诠释了"工匠精神"的含义。恒弘凭借持续创新并践行新时代工匠精神,十五年如一日坚持做好整装、做好产品、做好市场、做好服务,成为办公整装行业的领航者,不断推动着中国办公整装产业健康发展。恒弘自成立以来,以国际化设计理念,获得多项国家专利,成为西南办公家具业界之翘楚。

　　在恒弘的成功之路上,有一位一直背负着恒弘品牌使命的男人,他就是恒弘封王的领路人，也是全体恒弘人的精神领袖，可以说，恒弘今天的"王者风范"与这位传奇人物密不可分，他就是恒弘的董事长——聂榕。

"专注"奠定事业基石

2003 年 3 月，聂榕带领着自己的精英团队打造出国内极具实力和影响力的品牌"办公隔墙""办公家具"。在聂榕的带领下，经过短短数年的发展，恒弘已拥有超过 6 万平方米的独立生产基地、6800 平方米的办公家具卖场、1 万平方米国内一流的办公整装艺术展馆，发展后劲十足。公司集研发、设计、生产、销售、施工、服务于一体，代表性的产品包括专业办公楼写字间室内办公空间装饰，办公家具等。

当前，中国办公家具行业越来越多的经营单一产品的企业进行跨界，于是行业就有一个关于做"大"还是做"专"的争论。对于这样的争论，聂榕一直认为："专注才是立足行业的根本，只有在一个行业中精耕细作，把自己优秀的一面展示出来，向一个发展方向坚定地走下去，才会有立足行业的资本，生产出质量越来越好的办公家具产品，装饰出越来越好的办公空间环境。"

时至今日，聂榕取得事业上的成功、恒弘成为中国办公整装产业的领航者，都与聂榕的眼光、理念、性格息息相关。早在公司创业之初，聂榕就提出"品质与品牌同步，企业与社会共赢"的品牌理念。纵观恒弘的发展历程，聂榕一直坚持这样的理念，他认为只有这样才能做好品牌，才有能力回馈员工、回馈社会。恒弘也正是一直坚持着这样的品牌理念。因为专注，在更新换代迅速的今日，恒弘整装的产品不算多，却件件精良。如聂榕所言："恒弘整装始终在专注与坚持、坚守不求快速量产，只求精雕细琢，愿我的出品必为精品，并愿意为之不断努力。"所有精品背后的隐形双翼，是独具匠心的手艺人，他们执着、专注，对技术精益求精。而这，正是恒弘整装的产品理念。

匠心之韵，不止在于雕琢艺术和手工，对于品牌的成长，亦是如此。在一切讲求效率、减少成本而尽力获得利益最大化的时代，我们需要这样的始终如一，而恒弘做到了。自公司成立至今，十五年栉风沐雨，十五年卓越追求，十五年工匠精神，使得恒弘立足于办公家具市场,以足够灵敏的观察力和创造力投入到办公家具与办公整装设计中,打造出了最完美的办公体验。

"创新"推动事业发展

十五年,同时也是恒弘品质革新、持续转型的十五年。不断的转型,不断的创新,推动着恒弘事业的发展。公司不仅有专业的研发团队,还与德国设计大师合作,不断推出新技术、新产品,充分满足客户现代办公环境空间的个性化需求。

在转型方面,除了从产品的单一型向多样型转变外,恒弘更加注重用户整体空间体验,将装修、家具跨界整合,开创了一条标准化、技术化、服务化为一体的办公整装生存之路,从原先的家具生产转型为办公整装设计一站式服务。

在聂榕看来,传统办公家具市场主要集中于政府、大型企业等的工程项目采购市场。而很多行业人士忽略了在这个市场之外还有一个更大的市场——中小型企业市场。面对这样一个蓝海刚需型市场,聂榕明白很多时候一些较好的服务商因为受项目决策流程、客户导向性、回款周期甚至还有灰色地带等因素的影响,并不是很愿意为他们提供服务。于是集研发、设计、生产、销售于一体的恒弘开始整合商务地产、建材、办公家具等产品,提供设计、装修、家具、软装等一条龙服务,依托多元化的平台,帮助客户一次性解决办公室装修问题,为消费者提供更便捷、更实用的体验。由此,2015 年恒弘办公整装的概念横空出世,成为西南地区乃至全国的首发概念。

对于企业发展而言,工匠精神要求企业如同一个工匠一样,琢磨自己的产品,精益求精,经得起市场的考验和推敲。工匠精神的核心是企业要追求科技创新,技术进步。所以在很多公装企业为了适应现代智能办公环境理念纷纷推出自己的智能产品的趋势下,聂榕认为智能办公环境不仅具有传统的功能,同时还应具备信息化、自动化办公控制功能。所以恒弘整装每年都有创新,研发出更人性化、更环保节能的新产品,让更多的客户亲身感受到恒弘整装办公空间系统人性化设计和生态环保理念。此外,为了完善办公整装产品,真正做到"办公空间全定制",恒弘还推出了固装产品,主要以附墙饰面板、固装家具为主,比如书架、壁柜、吧台等。

对于办公整装来说,设计是核心动力。对于设计团队架构,聂榕说:"我本来是学设计出身,与我而言恒弘的灵魂就是设计! 对内部设计人才的挖掘培养是恒弘的核心发展思想,现在我们设计师团队已经构成室内空间设计、家具设计、软装设计三板块,他们都是有思想,有独立艺术创造力的才俊。当然对外我们也与国外优秀设计师和机构保持着紧密的合作,做到共同学习,共同发展。"

恒弘的发展一步接一步。2017 年,恒弘携手国内顶级设计师展开新一轮"品牌升级"之旅,成为 2017 年度众人瞩目的"办公整装明星"。7 月还举办了恒弘 15 周年庆典、恒弘装饰设计公司成立庆典等多个活动,配合恒弘办公整装近年来的各种"合纵连横"等大动作,恒弘已发起向中国办公整装产业"领航者"角色的冲锋号,它意味着中国办公整装行业正式进入大纪元时代,而恒弘也正朝着中国办公整装产业"王者之路"阔步前行。

"坚持"成就事业辉煌

真正的工匠在专业领域上绝对不会停止追求进步,无论是使用的材料、设计还是生产流程,都在不断完善。恒弘历来重视品牌建设,其品牌推广投入在社会上和行业内也是有目共睹的。除了办公环境装饰品质和办公家具产品品质强调极致完美外,在装饰和产品的趋势层面,恒弘整装还随着人们认识水平的变化,在办公整装设计和办公家具产品设计及功能上形成了自己的风格。同时,其产品还因选材严苛,风格设计独特,装饰施工技术质量、装饰施工现场管理质量、办公家具产品质量上乘,在业界一直享负盛名,深受广大客户喜爱。

对专业主义的坚持,对匠人精神的倔强,一直都是恒弘的立业之本。在恒弘整装将营销展示从市区内卖场转入生产基地时,对产品的传播效果产生了一些影响,但恒弘做卖场营销展示 15 年,15 年为恒弘积累了很多卖场营销经验,也积累了深厚的客户资源。

聂榕认为,随着消费者原来越重视展厅的体验感,越来越重视制造企业硬实力(现代化工厂),把客户请进"家门"做客已成为行业广泛的营销手段。所以恒弘在生产基地打造一个集展示、营销、娱乐、会晤、培训的多功能体验中心,是趋势,也是为办公整装服务的必要举措。这样做不仅减少了卖场运营的成本,增加了展厅的综合利用率,还让客户有更好的消费体验。"当然所谓'到工厂店里来'是一个需要慢慢引导的过程,需要经历的适应期,凭借恒弘整装品牌优势,凭借恒弘15年的客户积累,凭借恒弘与广告媒体的紧密合作,凭借恒弘在家具界、设计界的口碑效应,酒香不怕巷子深!"聂榕讲道。

聂榕说:"要生存就要讲质量、抓服务,只有好的质量才会吸引消费者眼球,产品品质是办公家具企业发展的根本,是市场占有率的前提。只有对消费者群体深入解读,提升高品质的服务体验,才是企业安身立命的根本!"

回望来时路,唯有心存匠心梦,一路坚持才能更好地解释恒弘人"踏实、拼搏、责任"的企业精神。正如聂榕所说:"现在这个时代太浮躁,工匠精神正在缺失,我认为,真正要把整装做好一定要求工匠精神,不能走捷径,未来产品品质和客户体念都相当重要,在我的观念里,我就是一个工匠,我喜欢办公整装行业,我希望通过恒弘人的努力给每一位客户带来好产品,提升每一位客户高品质办公环境空间。"

恒弘办公装饰、恒弘办公家具、恒弘办公隔墙在品牌发展的快车道上纵横驰骋,一路绝尘,已经成长为中国办公整装行业名副其实的领航者。对于企业的未来,聂榕一直期望像恒弘这样的民营企业在国家政策的支持下能做一流企业,创中国名牌,成为中国办公整装行业标准的制定者,为中国办公整装产业文化贡献一份绵薄之力。他表示,未来一定是品牌的天下,恒弘将继续把品牌定位梳理清晰、精耕细作,抓住发展的大势,再创佳绩。

做有良心的母婴品牌

——访义乌泡贝母婴用品有限公司总经理马金虎

马金虎,1986年出生,国际经济与贸易专业毕业,义乌泡贝母婴用品有限公司总经理。曾从事箱包出口工作,因工作所需前往南非考察市场,意外发现母婴用品市场前景广阔,回国后创立哆拉哆布品牌,立志做有良心的母婴用品,让宝宝舒心,妈妈放心。

他曾学习国际经济与贸易,也曾从事出口工作。

他因业务需要前往南非考察市场,却意外发现母婴用品市场前景广阔。

他回国后进行了一番详细的市场调查,发现当时市面上所售母婴用品价格高昂、品质一般,且存在诸多安全隐患,年轻的妈妈们常常为了孩子操碎了心。

于是,他立志要创建一个高性价比的母婴用品品牌,把安全、优质、平价的母婴用品带给天下所有妈妈,让孩子们用得舒心,让母亲们买得放心。

"哆拉哆布有你相伴,呵护宝宝健康成长"。在信念的支持下,他将一个只有几个人的小公司发展成如今上百人的规模,也让"哆拉哆布"成为物美价廉安全性高的代名词,他说:"我就是要做有良心的母婴品牌。"

他就是义乌泡贝母婴用品有限公司的总经理马金虎。

品质占市场

马金虎,出生于1986年,大学里学习的是国际经济与贸易专业。毕业后,马金虎从事过一段时间的箱包出口工作。因为工作所需,他前往南非进行市场考察。

"在那个地方,'Made in China'随处可见,'中国制造'在南非很受欢迎。"如今再谈起当时的经历,马金虎的声音里仍然充满着激动。作为一名中国人,当看到自己祖国的产品在地球的另一端有如此高的美誉度时,心中的骄傲无以言表。

马金虎意外地发现,母婴用品在南非的市场非常好,尽管经过长途运输之后,价格昂贵,但当地人仍然非常喜欢购买来自中国的品牌。

"当时我就在想,如果我回国后也做母婴用品,会不会也有很好的市场前景?"一个突发奇想的灵感在马金虎的脑海中闪过。

一年后,他回到国内,开始着手进行市场调查。又过了两个月的时间,马金虎的手中已经拥有一份对当时国内母婴用品市场的详细分析数据,他说:"经过调查,我发现当时国内的母婴用品价格普遍偏贵,而且品质也并不是太好,更重要的是由于当时的监管不够全面,很多稍微便宜一点的产品都存在某些方面的安全隐患。"当时的马金虎已经组织了自己的家庭,将来的某一天他会有自己的孩子,当他手握调查数据的时候,心中开始担忧,"很多时候,妈妈们根本不知道该如何选择,稍有不慎就会多花冤枉钱,或者对宝宝的健康造成伤害。"

"我想做一个有良心的母婴用品品牌,让所有妈妈买得放心,所有宝宝用得舒心。"一份使命感在马金虎的心中萌生,创业的种子开始发芽。在那份调查数据的推动下,马金虎毅然辞去了高薪的工作,踏上了艰辛的创业之路。

创业,从来都是不容易的。

马金虎的创业和大多数人一样,在初期遇到了巨大的困难。由于人们固有的消费观念,认为便宜没好货,当马金虎带领几名志同道合的同伴生产出一仓库的货品时,竟然只是因为如此荒唐的理由无人问津。

"创业初期,我的家人都很支持,尤其是我妻子,除了给予金钱上的支持之外,还和我一起并肩作战。还有另外几个小伙伴,都因为我的创业理念用实际行动来支持着我。"马金虎告诉自己,绝不能气馁,一定要拼出一条出路来。

为了获得代理商的支持,马金虎跑遍了当地的批发市场,希望能获得一个机会。最终,在他的诚意打动之下,一些批发商同意他将货物放在店里试卖。为了不给批发商带来资金方面的负担,马金虎决定在货物售出之前一分不收。

抱着忐忑的心情,马金虎等待市场的反映。第二天,批发商就打来电话,说有客户买了,并且对比了同类型的其他品牌产品,发现在质量相当的情况下,哆拉哆布具有相当大的价格优势。"这位代理商在电话里就向我们定下了10万元的订单。"批发商的一席话给了马金虎巨大的鼓舞,他验证了自己的论断,只要物美价廉,就不怕无人识货。马金虎如法炮制,用同样的方法逐渐打开了市场。

诚信是根本

"哆拉哆布之所以能够走到今天,离不开广大代理商和消费者的支持。"因为价格上的优势,以及对品质的坚持,哆拉哆布很快就在全国拥有了上百家代理商,在安徽、江苏、广东等大部分省份的重要城市都有代理点。

但这并不仅仅是哆拉哆布迅速成长的唯一原因,诚信才是马金虎能够获得长久支持的根本。

"刚开始的时候,我们因为一个操作失误,标错了价格,单件价格比正常价格低了1元,当时有一位代理商下了5万件的单,签合同之后,我们才发现到这个失误。"这是一个简单的计算,如果按照所标价格发货,公司将直接损失5万元。对于一个处于创业初期的公司来说,这是一笔不小的损失。但马金虎仍然坚持按照合同价格发货,他说:"既然是我们的失误,就该由我们来承担这个后果。"马金虎的诚信感动了代理商,当了解到事情的真相后,代理商毅然决定按照正常价格支付货款。"诚信是相互的。"那次的事情给了马金虎极大的触动,从此以后,他更是将诚信经营放在了首位,"做生意其实跟做人一样,你对别人诚信,别人才会对你诚信。"

马金虎的诚信不仅表现在对于合同的坚定执行,更在于他对那些有志创业的新人们无限的支持。

在网上,曾经有一篇名叫《母婴产品代理开店这几年感谢哆拉哆布从无到有》的文章打动过千万人,这篇文章讲述的是一位年轻的90后妈妈创业成功的故事。创业选择的项目可以有千万种,但这位年轻妈妈在千万种项目中选择了哆拉哆布。仅仅是用了一年的时间,这位年轻妈妈就获得了事业上的成功。她将自己的经历分享到网上,鼓励同样的创业者,同时也感激来自哆拉哆布的帮助。

"我记得这位代理商,刚开始的时候,她说自己文化程度不高,懂的东西也不多,对于创业这件事,其实心中是有很多不确定和畏惧的。"但尽管如此,马金虎仍然热情地接待了这位年轻妈妈,带她参观公司,为她讲解产品,向她展示其他代理商的销售成果……"我们给了她极大的支持,她初期资金不够,我们就让她按照自己的能力来拿货,还给了她一些建议,比如建议她可以每个单品少拿几件,尽量在款式上多样化。一段时间之后,再根据她那边的销售情况来确定新的拿货量。"这样的优惠条件在大多数公司几乎不可能。但在马金虎看来,自己曾经经历过艰难的创业初期,如今再遇到有决心的创业者,就应该提供最大的帮助。他用这样的行为,给予了诚信全新的诠释。

创新求发展

众所周知,对于每一位宝妈来说,在挑选母婴用品的时候,首先关注的就是安全问题。因此,马金虎从创业的第一天开始,就将产品的安全性放在了首位。与同行相比,最令他骄傲的是,他的公司制定一系列的企业标准来约束自身的产品安全和统一的技术要求。哆拉哆布的每一种产品都拿得出经过国家权威部门检测的质检报告来。"我们非常注重产品的安全性,我们公司自己也有质检部门,每一件产品都会经过一系列严格的检查,不合格的决不允许出厂。"

"我们现在面临的最大挑战就是如何在同类产品中脱颖而出。"在产品的安全性得到保证后,马金虎将公司大部分的精力花到了研发与创新上。他说,"公司能够走到今天,我特别感谢在幕后兢兢业业的两个部门,一个是质检部门,没有他们的严格把关,就没有哆拉哆布的金字招牌。另一个则是研发部门,哆拉哆布每一个新品的背后都凝聚着他们无数的心血。"

每当有了一个不错的点子后,研发部会做出详细的方案,再交给马金虎审阅。只有在他同意的情况下,研发部才会开始真正的研发工作。但这仅仅是第一步,在市场瞬息万变的情况下,产品研发的每一步都可能出现偏差,每当这个时候,就必须从头再来。马金虎深知研发人员的辛苦,因此,为了减少同事走弯路,在公司的发展进入正轨之后,他会经常到全国各地参加母婴用品的展会,掌握市场动态的同时也了解同行的发展情况,将最新的咨询带回公司,集思广益之下,产生出更多创意性的点子。

"每个企业在创建之初都有一个理念,全体员工都应该朝着这个理念去努力拼搏,时间长了之后就会形成一种文化。我们公司的理念就是做有良心的母婴产品,我们共同的梦想则是希望有一天哆拉哆布能够从物质产品转化为精神产品,当客户有什么需求的时候,第一时间想到的就是哆拉哆布。"如今,义乌泡贝母婴用品有限公司已经从最初的几人发展到了上百人,代理商也已遍布全国各地。回想当初创业时候的初衷,马金虎无愧于心,风风雨雨地走过这么多年,他感恩那些信任自己的人,也感谢那些始终与自己并肩作战的小伙伴们,还有共同走过艰难岁月的知心爱人。正是在这些人的支持之下,马金虎对于公司的未来充满了信心。

未来,他将在踏实做好现有工作的基础上,提高自己的统筹规划能力、全局思考能力,以及团队的创新能力,不断推陈出新,将更多更好的产品推向市场,并带领哆拉哆布走出中国,与国际接轨,真正做到让所有妈妈买得放心,所有宝宝用得舒心。

我们相信,这一天的到来,为时不远。

铿锵玫瑰　勇挑大任

——访云南天方食品有限公司总经理马爱文

马爱文，云南天方食品有限公司总经理。留学归来，继承家族企业。把传统美食和现代工艺相结合，经过多年的技术研发及自主创新，把云南名小吃做成方便食品，独创了"马老表"牌方便过桥米线（卷粉）系列产品，产品远销国内外。在经济利益和民族信仰面前，坚守民族信仰，用良心做食品。热心慈善，扶危济困，捐资献物。

双眸似水，眼神里充满坚定的神情。十指纤纤，举止间不乏魄力和胆量。一席香肩，挑起家族大任。奋发有为，担起传播传统美食文化的义务。她是时代的弄潮儿，勇于创新。她是民族信仰的守护者，忘却利益。她是社会责任的履行者，扶危济困。她就是云南天方食品有限公司总经理——马爱文。

云南天方食品有限公司创立于1998年，进过多年的技术研发和自主创新，独创了"马老"表品牌的方便过桥米线和卷粉等系列产品，将云南特色风味小吃制作成方便食品并实现产业化和规范化生产，目前公司已经申报国家发明专利18项。产品一经投入市场，就受到消费者的青睐，产品一直供不应求。每天的销售量都在万箱以上。不仅是云南人居家快销的产品，也是游客馈赠亲友的伴手礼。

从一家小的乡镇企业发展成为行销全国，走向世界的云南省龙头企业，天方食品靠的是创新，靠的更是用良心做食品的理念。

天工人巧日争新——独具匠心

马爱文的家乡位于云南省玉溪市通海县纳古镇,是云南省著名的手工业之乡,历史悠久。改革开放后,纳古镇的回族善经商的传统得到充分发挥,手工业、运输业等蓬勃发展,个体工商业注册数量也在大量增加。马爱文的爸爸是个商人,在她的眼里,爸爸是个很了不起的人,有经营头脑,会做生意。当时在整个纳古镇,做刀的有很多,做刀料的则很少,基本上只有两家,而马爱文家就是其中一家,负责供应着所有人的原材料。

于是在这样一种环境中成长的马爱文,从小就造就了经商的理念。从做刀具原料开始,到倒卖钢窗材料,再到经营钢材生意,马爱文家的生意越做越大。从 16 岁起,马爱文就要在学习之余,跟着哥哥姐姐到上海等各地去验货、签合同、订货等。家族生意的繁忙使得经常出差成为常事。

当时经常出差给马爱文的最大感触,就是在繁华的大都市当中,很难找到符合穆斯林饮食习惯的清真食品。清真餐馆数量稀少,饮食上不方便,经常没有吃的就只能吃鸡蛋。所以解决出差途中的吃饭问题,就成了他们经常思考的问题。做什么东西能让穆斯林出差的时候方便携带并食用,正是这样的思考,一个新的经营方式诞生了。

当时马爱文一家想做两个产品,一个是生产榨菜,另一个是生产方便米线。对于通海县来说,由于当地气候土壤水质条件较好,种出来的蔬菜既脆又鲜。当地又有很多榨菜生产厂家,原料丰富,技术也成熟,而方便米线在市场上还是空白,技术需要自己摸索,因此马爱文一家决定先把榨菜做起来。

为了这个最先启动的项目,马爱文一家修建了很多腌制榨菜的池子,各种基础设施也不断地完善,然而在一家人齐心协力,干劲十足的时候,一个棘手的问题出现了。按照穆斯林的清真饮食风俗习惯,饮食里是不能添加酒精的。但是在研制榨菜的过程中,由于酒具有防腐、调味、增鲜、增脆、杀菌等多种功效,酒成了最常用的添加剂。"哪怕是前期调料调的再好吃,如果不添加酒,产品在保质期上就失去了竞争优势。当时市场上榨菜的销量很好,如果和其他企业的一样用酒精作为食品添加剂的话,很快就能研制出榨菜,而且还不用担心销路。"马爱文说道。然而对于马爱文一家来说,尊重少数民族的饮食风俗习惯既是坚守本民族的饮食文化,也是做企业的一种社会责任。所以哪怕是能赚再多的钱,马爱文一家也不愿意做这个生意。所以在把生产榨菜这个项目停止后,全家人就把所有的精力投放在做方便米线上。

米线是云南传统风味小吃,用大米制作而成。过桥米线,是米线中的一种,已有一百多年的历史。经过历代滇味厨师的不断改革创新,以其制汤考究,滋味鲜甜清香享誉海内外,成为滇南的一道著名小吃。虽然生产方便米线是一项全新的探索,但是做方便面的技术已经很成熟,马爱文以为做方便米线和做方便面的技术相差不大,只要稍加改进就能成功。然而,开始实践起来后,马爱文却发现困难重重。

由于大米的分子结构和面不一样,要把大米做成干质的,加热水又可以变成熟食是很难的。与面条相比,米线的制作工艺相对复杂,需要进过发酵,磨浆等多道工序。要实现米线的机械化规模化发展,又能保证米线的营养和口感,是摆在马爱文一家面前的首要难题。为了解决这个问题,他们聘请了北京、广州的专家进行科研攻关,解决技术上的难题。但是让人始料未及的是,经过一年多的研发,生产出来的米线在口感上和新鲜米线相差甚远。

后来又请了很多专家,但是因为都不了解米线的性质,所以根本没法做出和新鲜米线口感相近的方便米线和具有云南特色的调料味道。多次尝试都以失败告终。马爱文说:"第一次生产出来的产品一车一车地拉回市场上去卖,因为质量不过关销售不了,又一车一车地拉回厂里,把它卖给饲料厂。"放弃做榨菜后,几百万的资金打了水漂,剩下的资金全部用来生产方便米线,但是接连的失败,长达一年的方便米线研发几乎用光了家里的积蓄。生产不出产品,没有收入来源,公司基本处于停滞状态,但是基本的开支和工人的工资又必须支付,公司就一直处于亏损状态。工资发不上,专家和工人也陆续离开了。那个时候也是马爱文一家最为困难的时期。

面对重重压力,马爱文一家决定坚持下去,请来的专家教授不行,就自己搞研发。马爱文的二哥在机器设备上有天赋,前期专家给了很多的指导,自己也有一定基础,所以开始不断地实验机器设备的角度、温度、水分要怎样调节才能使生产出来的米线既保持口感的润滑,又可以有很长的保质期。不断地坚持,不断地改进,不断地完善。

终于功夫不负有心人,在改善了无数次后,在实验了好几十吨大米后,天方食品有限公司在 2001 年生产出了口感顺滑,味道鲜香,口感与新鲜米线极为接近的方便米线。

产品生产出来后要上市,上市就面临着要创建商标。对此,马爱文说:"首先由于家族姓马,'老表'又是一种亲切的称呼,所以"马老表"给人一种亲切淳朴、老实憨厚的感觉。家族的人也很诚实守信,所以就取了这个名字。希望顾客吃到我们的产品能感觉到货真价实,味道鲜美。"淳朴亲切也是马老表牌过桥米线生产之初想要带给人们的感觉。

商海浮沉斗浪波——迎难而上

2004 年,天方食品有限公司还只是拥有一条生产线的小作坊,出国留学归来的马爱文,家族中年纪最小的她成为家族企业的总经理。在工厂主要负责管理工作,管理生产的工人,还兼做公司的出纳。在生产部做了一年后,马爱文就到昆明负责管理全国的销售。

然而,在马爱文刚接手家族企业的时候,天方食品有限公司还是一个亏损的状态,生产规模小,生意不景气,市场也没有完全打开。在全面了解市场和生产的详细情况之后,她决定扩大规模,引进人才,进一步拓展市场。

扩大市场规模,首先就要提高产能,只有一条生产线的生产车间早已不能满足市场的需求。天方食品想要建设一座产能更高,技术更先进,工业化程度更高的新厂。几经考察,马爱文为了一眼山泉决定把新厂建在一座半山腰上。马爱文说:"山泉水是做米线的原料之一,里面富含矿物质,做出来的米线口感好,比较润滑,矿物质对人体也有好处。"依山傍水的自然环境,甘甜清澈的山泉水,为高品质的米线生产提供了良好的自然环境。而生产好的产品,原料是基础,为了保证产品的高品质,天方食品在原料的选择上要求苛刻。肉类必须出自活体动物,肉质只能是不带筋的嫩肉,花椒直接从农民手中收购,亲自泡制花椒油。就这样,马爱文一手抓市场,一手抓产品,把天方食品推向了一个新的高度。一年的时间里,公司扭亏为盈。

新厂建了之后,产能翻了几番,原有的渠道显然承担不了成倍产品销售。如何开拓新市场,提高产品的市场占有率成了摆在马爱文面前的新问题。但是出于成本方面的考虑,天方食品的销售部位于昆明市的郊区。由于位置偏远,交通不便,很难招到人才。马爱文觉得要想解决这个问题,首先就要解决人才瓶颈。"我们一定要依靠人才,我们可以不懂,但是要善用懂的人才来做事。"马爱文说道。为此,她决定筑巢引凤,把办公室搬到了市中心。不断完善基础设施,人才也陆续地进入。有了专业人才,公司重新整合,还成立了专门的销售系统运营中心,发展势头一路攀升。

很多企业看到了马老表牌过桥米线的成功,想要抓住商机,开始纷纷组织人力物力搞研发,新的方便米线品牌开始在市场上出现,从一枝独秀到百花齐放。虽然有了竞争对手,但是凭借着卓越的产品品质和对市场的开拓,天方食品的过桥米线依然在市场上占据着较大的市场份额。

但在 2005 年,一个强大竞争对手的出现,给天方食品带来了又一次挑战。"那个品牌的方便米线刚出现的时候销售量很大,价格低,终端赊销,还有赠送。我们很紧张,担心他们把我们的消费者抢去。"马爱文说道。当时竞争对手推出的产品每款单价都比天方食品的低 3~5 毛钱,对于快销食品来说,这个价格差是非常有竞争力的。面对这样的竞争压力,马爱文想到的首先是降低生产成本,把价格降到和对手一样。

然而,在和生产部门商量后,马爱文发现生产成本根本没有可以降低的空间。马老表牌过桥米线用料较多,用料讲究。原料采用的都是优质大米,公司还花重金购买市面上最好的筛米机,确保选用的原料都是优质的大米,汤料也是用最好的牛肉熬制。然而强行降低成本就意味着降低产品品质,不降成本直接降价就会影响企业效益,面对残酷的市场竞争,马爱文进过几经思考,最终决定走自己的路,首先保证产品的品质。在她看来,优质的产品品质是企业的魂,无论如何都不能丢掉。

在面对咄咄逼人的竞争对手,她决定生产一些小包装,在价格上与竞争对手拉平。从 110 克降到 80 克,包装更改,价格降低,但是品质没有任何的改变。然而小包装的产品在市场上的销量并不突出，马爱文和团伙有了和对手打持久战的准备。短短几个月后，让她意外的是，做好准备打持久价格竞争战竟然悄然结束了。仅仅半年的时间，竞争对手的产品在市场上消失殆尽。"消费者是最明理的，什么产品好，什么不好，消费者是最清楚的"。马爱文说。后来市场上也陆续出现了很多类似的产品，有的价格甚至更低，但是马爱文再也没有慌乱过，也再也没有参与过类似的价格战。

金银如山不足贵——乐善好施

本着食品事业是良心事业，不考虑成本的理念，天方食品有限公司在马爱文的带领下，日益发展壮大。目前经销商已经渗透到云南十七个地州市的县级市场，产品还远销国外市场。马爱文表示，"产品生产不能只顾经济利益，不能纯粹为了卖而生产，如果生产出来是自己敢吃的，那么用心的程度也会是不同的。"

在马爱文看来，人与人之间是平等的，人生于世，只是分工不同。作为一个企业家，就是面对的社会责任不同。在利益的共同体上，企业家经营企业就要努力实现共赢，包括在这个平台上的所有员工、经销商、客户、都要实现共赢。作为一个企业家，承担一定的社会责任也是必不可少的，首先是生产出健康的食品给消费者，其次就是多为社会做一些慈善事业。把企业发展壮大，为员工提供好的生活条件，为他们创造出更多的效益。

按照回族等穆斯林群众的文化规范，个人无论在做企业还是其他任何经营，在发展的同时，必须将 2.5% 的收入拿出来捐给需要帮助的人。作为回商，马爱文一家也不例外。受民族文化和父辈的影响，马爱文也一直在坚持做慈善事业，

2008 年四川汶川地震期间、2003 年非典期间，马爱文前后给灾区捐献了上百万元的产品。2003 年非典期间，昆明一所医院的院长被派到北京支援非典工作。院长是回民，在北京救援期间，饮食上非常不方便。马爱文了解情况后，主动给院长寄去了很多方便米线，帮助院长解决了饮食上的不方便。院长很感动，救援结束后，亲自到公司里向马爱文致谢。新疆地震时，马爱文也是第一时间捐献了很多产品。昭通地震

时,为了保证产品能及时送达灾区,马爱文选择空运,第一时间送出捐献物资。地震、希望工程等,都少不了马爱文的捐赠。后来马爱文还加入了叶柏基金会,这是一个由很多穆斯林企业家组织的爱心基金会,在全国各地捐资助学,扶危济困,马爱文就是其中一位。

对于公司的文化建设,马爱文强调优秀的传统文化是企业的魂,要把优秀的传统文化精神带到企业中来,让员工也受到传统文化的熏陶,物质层面和精神层面都得到丰富。马爱文认为,"人做事不是做给人看的,是做给天看的。"她把企业当作自己休闲的一个载体,努力修炼自己的宽容度和包容度,不贪恋财富。"作为一个企业老板,面对的各方面问题比较多,面对这些人和事的时候如何去处理,都是在锻炼自己。我现在把企业作为修炼自己的一个平台和载体。做事都是凭着自己的良心来做,心胸坦荡。"马爱文表示。在家庭教育方面,她总是教育自己的孩子先做人后做事,要养成良好的习惯和品质。

目前公司最主要的工作方式是大力拓展经销商网络和省外市场。在全体员工的努力下,目前产品已经销往全国 17 个省市自治区,在云南省有经销商的布点率达到 98%,月销售量达到千万箱,销售额达到千万元。经过 20 年的努力,天方食品有限公司在马爱文的带领下取得了良好的社会效益和经济效益,公司先后被云南省保护消费者权益协会评为诚信单位,消费者喜爱产品。马老表商标也被云南省工商局评为云南省著名商标。

在"一带一路"的国家倡议下,天方食品有限公司积极响应国家号召,把目光投向了世界舞台。马爱文想通过一带一路把产品推销出去,向世界传播云南名小吃文化,传播中国的文化。相信在她的带领下,云南天方食品会蒸蒸日上,继续创造新的辉煌。马老表过桥米线也会承载着中国文化,走出国门,走向世界。

让美丽更加便捷

——访山西阳泉惠风和畅电子商务有限公司负责人吕春源

　　吕春源,山西阳泉人,阳泉惠风和畅电子商务有限公司负责人。先后从事过舞蹈演员、健身教练和国企职工等职业。在对美的追求中,他携手爱人创办了平定锦秀阁美容美体养生会所,并在市场中加以创新,创建惠风和畅电子服务平台,用真心真情真意打造阳泉地区"美"的氛围。在他的感召和影响下,数百人加入他的团队建设中,成为阳泉、山西乃至全国美容行业院线产品的线上销售和美容业上门预约服务知名平台。吕春源带领的团队不仅受到大家赞誉、市场认可,其本人荣获了"2017年度中国优秀职业经理人"称号。

　　爱美是人的天性,特别是在当今的中国,美容、美发、健身房,甚至集这些功能于一身的美容美体中心如雨后春笋般出现,不仅消除了人们一天的疲惫,带来愉悦的心情,还能锻炼健康的身心,呈现出最佳的容颜。山西省阳泉市的吕春源就是这些从事"美"的事业中的一员,他积极探索市场新模式,不断创新服务理念,打造了影响阳泉、山西美容美发养生领域的旗舰型企业,甚至在全国都小有名气。面对着赞誉和褒奖,吕春源感慨道:"我只想踏踏实实地做事,让大家心情舒畅地美起来,也是为了让我们这个行业能够更加健康有序地成长和发展。这是我的目标,也是我不变的初心。"

历经坎坷,仍旧难舍"美"梦

　　2003年,吕春源大学毕业之后,凭借着良好的身体条件和深厚的文艺功底,考入山西阳泉铝业有限公司文工团,成为一名舞蹈演员。在这里,追求进步的吕春源明显感觉到一种时间停滞的感觉。他担心长期在这样的环境中待久了,不仅变得倦怠没有了前进的动力,也会离一名舞蹈演员的梦想越来越远。最终在两年后,他说服了父母,谢绝了同事和领导的挽留,义无反顾地踏上了去往北京的列车,到那里寻找适合自己发展的广阔天地。

在北京,吕春源感到了新鲜和压力。他如同初入大海的小鱼一般,如饥似渴地汲取着营养。可是面对着强手如林、机会渺茫的现状,只能无奈地选择做一名北漂。由于北京艺术团体的门槛太高,吕春源为了解决生存问题,只好先应聘到健身房当教练。

没有舞台,健身房便是最好的演出场所;没有观众,来锻炼的学员就是最好的观众。在这里,吕春源既找到了事业的满足感,又敏锐地发现在这个领域,也有施展自己才华的地方。

由于吕春源的敬业和忘我的工作状态,越来越多的会员喜欢这个充满活力的健身教练,也有越来越多的学员争抢要参加他的课程。随着口口相传的赞誉,吕春源的课程成了健身房最火爆也是金牌的课程。随着名气的扩大和影响,其他健身房也悄悄找到吕春源,向他伸出了代课的橄榄枝。

虽然同时担任着数家健身房的课程,生活既紧张又劳累,可是想到这是自己一步步走向成功的阶梯,吕春源依然觉得"累并快乐着"。

就在他沉醉在事业的不断进步,憧憬美好未来的时候,一个电话让他陷入了纠结,原来母亲病了,她很想让吕春源这个家中的独子回来。电话那端,母亲对他思念的哭泣声让吕春源有如刀割般难受。可是想想自己的梦想和正在不断进步的事业,那天晚上他一夜未眠。

"父母在,不远游",吕春源仿佛看到了父母看到他回家的情景,内心的自责和反哺的孝心让他果决地做出一个决定,那就是回到家乡陪伴父母。得知这个消息后,吕春源的同事、领导甚至一些会员都来劝他,别为了这些而放弃蒸蒸日上的事业。可是吕春源觉得父母比什么都重要,谢绝众人的挽留毅然回到了山西阳泉,回到生他养他的故乡,回到了至亲身旁。

由于当地没有合适的健身场所和艺术团体,无奈之下,吕春源在阳煤集团做了一名普通的工人。工作之余,吕春源常常会想起那些在北京的日子,想起那些对"美"的追求。为此他通过朋友介绍,在当地几家美容养生会所和培训机构兼职,继续坚持着自己"美"的事业。

生活中的伴侣,事业上的合伙人

虽然阳泉的美容美体和培训机构远不如北京的专业,场地不够庞大,甚至会员也参差不齐,可是吕春源依然没有降低对自己的标准。无论是一个动作,还是一个理念,他都会反复指导、耐心讲解。

很快吕春源便在阳原声名鹊起,行业内都知道这个认真细致、处处为他人考虑的小伙子,很多会员和机构工作人员都尊敬地称呼他为"吕老师"。因为他如同课堂上的老师一般,为困惑中的人们"授业传道解惑"。

在很多爱慕者中,有一位非常优秀的姑娘也悄悄把爱的种子播撒心田。这位姑娘不仅担任着一家大型美容机构的首席美容顾问,还是山西省十佳美容师。对美的共同追求,让这两个年轻人在分享工作体会、交流美容美体心得时有了共同感受,相互理解又促进了各自事业的发展,两颗炽热的心渐渐靠拢在一起。当两个人将结婚的消息分享给众人的时候,大家纷纷称赞这对行业翘楚真是珠联璧合的天生一对。

婚后的生活是甜蜜的更是快乐的。两个人没有安于现状,而是不断在事业上攀登。就在别人羡慕他们,父母安心生活的时候,两个年轻人又做出了让大家震惊的事情。

原来经过市场调研,吕春源夫妇决定自己创业。2012 年,拥有多年从业经验的小两口创办了平定锦绣阁美容养生会所。

虽然两个人当初拥有不少的客源,可是创业伊始,很多人并不认可他们的环境和产品。这一局面是夫妇俩始料未及的。

已经是深夜了,可是小两口依然没有睡意,而是在讨论着会所的发展。美容美体应该是时尚潮流的方向,虽然目前经营出现了一些问题,但只要方向正确,坚持总会有收获。

为此,吕春源开始他的宣传拓客之路:发传单、做活动、顾客回访,这些传统的手段渐渐让生意出现了起色。

2014年,随着互联网时代的来临,实体店的弊端开始凸显出来,特别是地域的局限性、产品的单一性以及美容技师能力不均匀和实体店过高的成本投入,都制约了实体店的发展。在深思熟虑之后,也是在妻子兼合伙人的鼎力支持下,2015年底,吕春源创建了阳泉惠风和畅电子商务有限公司,入驻平定驿拓电子商务产业园,致力于在一种惠风和畅的环境中,打造阳泉及全国美容行业院线产品的线上销售和美容业上门预约服务平台。

"'天朗气清,惠风和畅'出自王羲之的《兰亭集序》,说的是一种感觉,温柔而和煦的风拂面而过,让人感到无限温暖舒适。而将企业做到'惠风和畅'的境界是我的终极目标,带着这样的目标创业,无论对家人,对合作伙伴,对顾客,都是一种承诺!"曾经的美容美体的负责人,现在则是惠风和畅电子商务有限公司的负责人吕春源如是说。

放眼未来,把创新融入服务

在服务中,吕春源发现有的顾客在上班时间没有功夫来做美容美体,下班后又不愿意来美容院。针对顾客的需求,吕春源果断决定拓展产品,将顾客需求作为企业发展的目标,创新工作理念,开发出更加顾及群体便捷性、私密性的互联网线上产品。

2016年,公司自主研发的美容APP"滋美"上线,但在试运行时发现了很多问题。"我们忽略了互动平台和反馈链接,当时感到知识的欠缺,前期资金的投入化为泡影,无奈只好下架。我虽然沮丧,但不后悔,这激励着我们必须更加努力。"说到这儿,吕春源有些激动。

经过多方咨询和学习,公司和团队历经了半年时间,重新开发出滋美的升级版

"荷滋蓉",真正实现了线上线下的统一化管理,体现了O2O经营模式在地方营销模式的创新,为实体店节约了宣传费用,还提高了产品外销的能力。并且通过上门预约系统,为美容师搭建了提高收入更快、更便捷的平台。更让吕春源感到开心和意外的是,顾客对这种销售模式很感兴趣,业务量不断上升。

"一枝独秀不是春,百花齐放春满园。"面对阳泉地区美容美体市场,吕春源将更多的关注和更长远的目标放在了提升整个区域水平,打造优质品牌上面。为此,他依托阳泉惠风和畅电子商务平台,吸纳和接受更多的合作伙伴加入进来。

在选择合作伙伴上,吕春源坚持三个标准:一是必须是正规的美容美体机构,必须在有关部门登记注册备案;二是从事上门服务的美容师必须取得执业资格证书,并且无不良记录;三是所使用的产品必须是来源于正规渠道,并且有完备的合格证书。

正是严格执行了这三个标准,既是对良莠不齐市场的"大浪淘沙",也是倒逼这些机构和从业人员完善资质,提高从业水平和技能。截至目前,阳泉市在工商备案注册的三百余家美容美体机构已经有一百七十余家在吕春源的阳泉惠风和畅电子商务平台上运营,还有很多机构正在申请中。

蓬勃的事业让吕春源加入了阳泉市职业经理人协会,并被推选担任职协美容美发分会的秘书长。吕春源的进步让当初担心的亲人感到了欣慰,而全力支持自己的妻子也不甘落后,作为山西省十佳美容师的她也为事业倾注了全部的心血。她不仅带头培训培养美容专业技师,还通过协会的渠道,为平台的合作机构输送了几十名技术过关、业务娴熟的美容美体技师。

在吕春源的努力下,协会为会员搭建了互相学习、取长补短的交流平台。通过举办沙龙活动,业内人士认真分析行业问题和解决办法,探讨行业营销模式的可行性,大大减少了美容美发及养生行业投资的风险。而协会针对行业美容师短缺的现状免费培训和储备人才的措施,则真正实现了行业互助、提高了行业竞争能力,保护了本地市场的稳定性。

当选中国职业协会2017年度优秀职业经理人之后,吕春源并没有感到事业的轻松,反而觉得身上的责任越来越重。如何提升阳泉乃至山西省整个美容美体的行业素质,打造影响全国的优质品牌,成了他常常思索的问题。特别是在党的十九大报告中,习近平总书记指出我国社会主要矛盾已经转化为:人民日益增长的美好生活需要和不平衡不充分的发展之间的矛盾。爱美,成为更美的自己,也是对美好生活的一种需要和追求,也是新时代新生活的最好体现之一。

在这种迫切的需求和时代的感召下,保持产品的稳定性,并以点带面、逐步将事业拓展到山西全省乃是全国成为吕春源事业的谋篇。"我们不怕竞争,更不怕培育对手,只有共同促进才能达到合作共赢",面对事业发展的潜在威胁,吕春源反而感到更加自信和充满信心。

在互联网时代,如何让美丽成为一种常态,成了许多人追求的目标。吕春源在顾客至上、服务至上、创新至上的基础上打造的"专业、专注、专心"的理念成为最好的诠释。在这条追逐美丽的道路上,吕春源携手家人和员工仍旧在不断创新发展,不断大步向前。

(赵 梦)

创新，生命价值的延伸

——访河南省禹州市神龙水泵有限责任公司总经理刘宗魁

> 刘宗魁，河南省禹州市神龙水泵有限责任公司总经理。技术员出身的他，自学水泵设计，创造行业内多项奇迹。其创办的禹州市神龙水泵有限公司集生产科研为一体，生产工艺先进，技术力量雄厚。其设计的50WG-A型污水泵获河南省科技成果二等奖，开放型立式泥浆泵获国家专利。该公司设计研发的智能化远程浆体输送站达到国内先进水平，被国家科学技术部科技型中小企业技术创新基金立项，评为河南省高新技术产品，荣获河南科技成果交易会金奖。

无论在家人还是在公司的员工眼中，河南省禹州市神龙水泵有限责任公司总经理刘宗魁似一团行走的"正能量"，他那永不停歇的研发激情、充斥全身的满满能量，都让人身边的人深受鼓舞。

关于刘宗魁的故事很多，在许多人的眼里，刘宗魁是一位传奇人物，有他在的地方，似乎永远都可能出现奇迹。

刘宗魁的故事，既励志又带着传奇色彩。他今年已经64岁，但依然坚守在技术研发的岗位上。他满怀对技术创新的热情，开拓创新，与时俱进，将禹州市神龙水泵有限责任公司打造成为国内一流专业泵制造企业。

80元钱撬动人生新起点

与很多同龄人一样，出生在20世纪50年代的刘宗魁吃过很多苦。当时由于社会生产力低下,物质匮乏,年幼的刘宗魁经常吃不饱肚子,更没法正常上学。在以阶级斗争为纲的那个年代,由于家庭成分不好,他一度成为"黑五类",饱受歧视。然而生活的苦楚、低人一等的境况并没有将他击垮,相反,逆境磨炼了他的意志,更激发了他发奋努力的决心。虽然只有小学文化,但他天生聪慧,动手能力强,更有一股不服输、爱创新的激情。这些特性,在他后来从事水泵研发的道路上都一一展现,使他成为水泵行业里多次创造奇迹的人。

刘宗魁走上设计生产研发水泵的道路,与那个年代特定的时代背景有关。起初,他只村生产队机械厂的员工。由于厂里专门生产供水管道,使刘宗魁与水泵有了最初的"邂逅"。在那个物资紧缺的时代,水泵作为工业上常用的设备,常常处于供不应求的状态,特别是当时工业用的浓酸泵。刘宗魁还记得,当时中南五省只有河北省南宫县一家工厂生产,"当时该泵实在太稀缺了,如要买上一台,还要想办法跟厂家搞好关系才可能买得到。"面对这种市场形势,厂里有人建议刘宗魁也试着生产水泵,有心的刘宗魁把这事记在了心里并开始付诸实践。

研发水泵绝非易事,当时既没有技术资料可借鉴,也没有专家指点,刘宗魁只能靠着自己琢磨,拿着卷尺一遍遍地摸索着画图纸,造模型,反复试验。然而,自己制造水泵谈何容易?一次次的试验,一次次的失败。虽然一直在成功边缘徘徊,但刘宗魁始终坚持,没有放弃,这期间,他积累了不少经验,研发能力也在不断提高。

机会总是青睐于有准备的人。1981年,一次机缘巧合,改变了他的人生。"那一次我看到了《参考消息》上的一篇报道——'商务印书馆的启示',了解到商务印书馆的起步是由几个人发起的私营企业,并在此消息上看到允许个人或团体组织创业的信号。我就十分激动,因为这意味着我们也可以搞。"刘宗魁将自己的想法告诉了同厂里三位志同道合的同事。大家一商量,一致同意他的想法。说干就干,四个人每人凑了20元钱,以80元钱作为启动资金,开始自主创业。刘宗魁解释说:"不要小瞧这80元钱,在当时的条件下,一个人凑20元钱已经很不容易。"用这笔钱,刘宗魁和其他三个合伙人撬动起了自己新的人生。

天赋"催生"传奇

　　1981年,刘宗魁与同事共同创办了一个专门生产水泵的小工厂。凭着曾经的试制经验,在同事们的帮助下,刘宗魁终于研发出了第一台水泵。多年的努力获得成功,幸福的泪水挂在了刘宗魁的脸颊,然而更让他惊喜的是,水泵研制出不久,就有商家看上了他们制造的样机,一次就向他们定购了10台水泵。到现在刘宗魁还记得,当时一台水泵卖了650元钱,那是他们赚到的人生第一桶金。此刻,刘宗魁感慨万分,思绪难平……

　　"市场需要什么,我们就生产什么。"刘宗魁一直在努力践行着这句话。1982年下半年,刘宗魁申请到了营业执照,创办了河南省许昌市第一家私营水泵企业。从此他们生产的水泵畅销市场,生意兴隆。到了1984年,国内的私营企业如雨后春笋,获得了迅速发展。为了规范行业,维护市场秩序,国家出台规定:水泵产品必须经质量监督部门进行技术鉴定,颁发鉴定证书,方能上市销售。此前,由于当时的社会条件所限,刘宗魁所生产的水泵没有进行过产品鉴定,自己生产的水泵到底处于什么样的技术水平,说实话,刘宗魁自己心里并不十分清楚。然而经沈阳水泵研究所鉴定后,连该所的专家都大吃一惊。当时国内生产污水泵的效率标准一般在30%~40%左右,而刘宗魁生产的污水泵效率居然超过了60%。一个水泵研究的"门外汉",一个只小学文化程度的人,竟然设计出了这样不可思议的产品。专家们对刘宗魁肃然起敬。

　　这次技术鉴定震撼了沈阳水泵研究所的专家们。为了鼓励刘宗魁生产出来更好的水泵,在1986年举行的全国水泵行业培训100个名额中,研究所破例给了刘宗魁1个培训名额。"那次培训的机会对我来说十分宝贵,因为那次培训开阔了我的思维,更新了我的知识,通过这次培训,我才算真正走上了水泵设计这条路。"

　　1988年,刘宗魁及合伙人正式创办了禹州市神龙水泵有限责任公司。从此刘宗魁迸发出更大的研发激情,在技术团队的奋力攻关下,新产品不断问世,获得多项荣誉。公司自行设计的50WG-A型污水泵获河南省科技成果二等奖,开放型立式泥浆泵获国家专利;智能化远程浆体输送泵达到国内先进水平,被国家科学技术部科技型中小企业技术创新基金立项,评为河南省高新技术产品,荣获河南省科技成果交易会会金奖。

创新演绎精彩人生

从 1976 年至今,刘宗魁与水泵结缘长达 41 年。在漫长的创业生涯中,刘宗魁从最初水泵专业的外行到现在的行业专家、高级工程师,成为行业内的标杆,在行业内具有广泛的影响力。但从来不变的,是他的一颗从未停止过创新的心。"同一个产品,我一定要有和别人不一样、超过别人的地方。"刘宗魁自信地说。

在刘宗魁技术研发的生涯中,智能化远程处理泵是他研发旅程里一个重要的里程碑。智能化远程处理泵的研发成功,让刘宗魁深刻体会到了创新的魅力。刘宗魁有这样一句名言:"企业不分大小、科技决定胜负。"2000 年,在河南栾川县钼业公司一大型钼矿的设备招标会上,以乡镇企业身份参加的刘宗魁及合伙人,用他们研发的智能化远程浆体输送泵与国内专业科研机构、某大学浆体输送研究所同台竞争。最后以其产品具有高科技含量、质量优异一举中标,获得了 90 多万元的大订单,成为当地轰动一时的新闻。这次的竞标成功,更加坚定了刘宗魁投身研发事业的决心。直到今日,刘宗魁仍坚信,能让一个企业、一个民族、一个国家立于不败之地的一定是先进科技,因为科技就是生产力。

2017 年,步入花甲之年的刘宗魁依然奋战在水泵研发、生产的第一线。展望公司未来的发展,刘宗魁表示,他将继续加大公司在科研、环保方面的投入,生产出技术更先进、质量更可靠的水泵产品,在稳定国内市场销售的同时,走出国门,将产品推向"一带一路"沿线国家,为实现中国与"一带一路"沿线国家的合作共赢做出积极的贡献。